Un Collège Franc-Comtois

AU XVIe SIÈCLE

ÉTUDE HISTORIQUE ET PÉDAGOGIQUE

ACCOMPAGNÉE

DE NOTES BIOGRAPHIQUES ET BIBLIOGRAPHIQUES

ET D'UN PLAN

PAR

JULIEN FEUVRIER

Professeur au Collège de l'Arc

Ouvrage couronné par l'Académie de Besançon.

DOLE

ALPH. KRUGELL, LIBRAIRE-ÉDITEUR

1889

UN COLLÈGE
FRANC-COMTOIS
AU XVIe SIÈCLE

Justification du tirage :

12 exemplaires sur papier de Hollande.
25 — sur papier teinté.
363 — sur papier ordinaire.

N° 

Un Collège Franc-Comtois

AU XVIe SIÈCLE

ÉTUDE HISTORIQUE ET PÉDAGOGIQUE
ACCOMPAGNÉE
DE NOTES BIOGRAPHIQUES ET BIBLIOGRAPHIQUES
ET D'UN PLAN

PAR

JULIEN FEUVRIER

Professeur au Collège de l'Arc.

Ouvrage couronné par l'Académie de Besançon

DOLE
ALPH. KRUGELL, LIBRAIRE-ÉDITEUR

1889

A MESSIEURS LES MEMBRES

de l'Académie des Sciences, Arts et Belles-Lettres de Besançon.

« Que si les estrangers n'y preignent aucun plaisir et que depuis la première lecture du tiltre, ils retirent la veüe, si est ce que je veux espérer que vous, mes seigneurs, ausquels ce travail hat esté labeuré et destiné ne vous en marrirés et ne vous en ennuierés; mais au contraire, comme je croy, vous le recepvrés de bon cueur, comme d'un bon cueur entreprins.... » « GOLLUT. »

5 mai 1889.

J. F.

INTRODUCTION

De nombreux travaux sur l'enseignement public avant la création de l'Université impériale ont paru depuis quelque vingt ans (1); mais une œuvre d'ensemble ne pourra être entreprise que lorsque la vaste enquête qui se poursuit actuellement sera terminée. Grâce à des recherches persévérantes, nos archives

(1) Pour la Franche-Comté, après l'*Histoire de l'Université du Comté de Bourgogne* de LABBEY DE BILLY, 1814, l'*Étude sur l'Instruction publique en Franche-Comté* publiée par M. CORNEILLE SAINT-MARC dans les *Mémoires de la Société d'Émulation du Jura*, le *Réglement du Collége de Montbéliard* (1568) paru dans le *Bulletin de la Société d'Émulation de Montbéliard* en 1857, on peut de dates plus récentes citer :

BEAUNE ET D'ARBAUMONT, *Les Universités de Franche-Comté*, 1870, ouvrage bien supérieur à celui de Labbey de Billy ; ESTIGNARD, *La Faculté de droit et l'École centrale à Besançon*, 1867 ; J. MEYNIER, *Les Médecins à l'Université de Franche-Comté* (*Mémoires de l'Académie de Besançon*, 1880) ; *Police du collége de l'impériale citée de Besançon* (1567), dans les *Documents inédits* publiés par l'Académie de Besançon (t. VII) ; S. DROZ, *Histoire du Collége de Besançon* ; LEX, *L'ancien collège de Vesoul* ; GODARD, *L'ancien collège de Gray* ;

départementales et communales ont livré déjà quantité de matériaux; néanmoins le champ d'exploration est tellement étendu qu'il y reste beaucoup à moissonner.

C'est ainsi que le dépôt de l'Hôtel-de-Ville de Dole vient de nous fournir sur l'éducation au XVIe siècle des documents qui, croyons-nous, offrent quelque intérêt.

Entre l'époque barbare qui suivit la chute de l'empire romain et le siècle brillant de la Renaissance, les doctrines de l'éducation passèrent par une série de transitions, de progrès lents, furent soumises, peut-on dire, à une évolution dont les phases principales sont marquées par les noms de Charlemagne et d'Abélard. Le mouvement s'accélère peu à peu. Au XIVe siècle, le chancelier Gerson écrit

L. PINGAUD, *L'École bénédictine en Franche-Comté* (Discours prononcé à la séance de rentrée des Facultés, 1877); du même auteur, *L'Instruction publique à Besançon en 1789* (*Mémoires de la Société d'Émulation du Doubs*, 1886), et plusieurs articles dans d'autres revues savantes; J. SAUZAY, *Les fondateurs de l'instruction populaire en Franche-Comté* (*Semaine religieuse du diocèse de Besançon* des 24 juin et 1er juillet 1876); J. GAUTHIER, article *Franche-Comté* dans le *Dictionnaire de pédagogie* de Buisson; J. FEUVRIER, *Le Collège de l'Arc à Dole*, 1887.

Enfin nous croyons savoir que M. Marcel Fournier, archiviste-paléographe et professeur à la Faculté de droit de Caen, prépare un important travail sur les anciennes Universités françaises, travail dans lequel l'Université franc-comtoise sera en bonne place.

son petit livre, *De Parvulis trahendis ad Christum*, véritable œuvre de pédagogie humaine. Au xve siècle, on peut citer comme ayant pris le plus de part au mouvement pédagogique, Vergerius (1), Victorin de Feltre (2), Philelphe (3), le philologue Laurent Valla (4), Végius (5), le futur pape Pie II, Ænéas Sylvius Piccolomini (6), Rodolphe Agricola (7) et son ami Hégius (8). En même temps, les Las-

(1) Verger (Pierre-Paul), né à Capo d'Istria vers 1349, professeur à Padoue, mort en Hongrie en 1428. On a de lui : *De ingenuis moribus ac liberalibus studiis libellus*, s. l., 1475.

(2) Né en 1378, professa à Mantoue, mourut en 1440.

(3) François Philelphe (1389-1481), né à Tolentino, professa la littérature grecque dans les principales villes de l'Italie, fut secrétaire apostolique du pape Nicolas V ; a écrit : *De liberorum educatione aurei libri sex*. Argentinæ, Brant, 1493.

(4) Laurent Valla (1406-1457), né à Plaisance, enseigna la rhétorique et la grammaire, traduisit Thucydide et Hésiode. Son principal ouvrage est : *De latinæ linguæ elegantia libri VI*. Romæ, 1471.

(5) Maphœus Vegius (1407-1458), de Lodi, chanoine de Saint-Jean-de-Latran, a composé : *De educatione puerorum et eorum claris moribus libri sex*. Mediolani, 1491.

(6) Né à Corsignano (Toscane) en 1405 ; élu pape en 1458 ; mort à Ancône en 1463. A laissé un grand nombre d'écrits parmi lesquels : *Tractatus de liberorum educatione*. Bâle, 1551.

(7) Roelof Huysmann, né en 1443 à Bafflo, près de Groningue, étudia à Louvain et professa la philosophie à Heidelberg ; est célèbre pour avoir fait renaître le goût des belles-lettres en Allemagne ; mourut en 1485. Son ouvrage le plus remarquable est : *De inventione dialectica libri tres*. Coloniæ, Henr. Novesiensis, 1520.

(8) Recteur de l'École de Deventer (*Frères de la vie commune*), fut le disciple d'Agricola et le maître d'Erasme.

caris (1) quittant Constantinople tombé au pouvoir des Turcs, viennent enseigner dans les écoles publiques d'Italie et hâter la rénovation des études grecques.

Le XVIe siècle est une grande époque pédagogique. Nombreux furent alors les hommes qui se dévouèrent au progrès intellectuel de l'humanité : avec Erasme et Ramus, Luther et son disciple Mélanchthon (2), Rabelais et Montaigne, combien d'autres ! Les résultats de tant d'efforts divers, recueillis, analysés, combinés, et modifiés dans un certain esprit par la Société de Jésus, furent soumis à une expérience de cinquante années (3) d'où sortit le *Ratio studiorum* (1599).

Avant l'établissement des Jésuites dans le Comté de Bourgogne (1582), les écoles de

(1) LASCARIS (Constantin) enseigna les belles-lettres à Milan, à Rome, à Naples et à Messine, où il mourut en 1493. Parmi ses œuvres : *Grammatica græca*. Venise, Alde Manuce, 1512; *Carmina aurea Pythagorea*. Bâle, Oporinus, 1559.

LASCARIS (André-Jean) (1445-1535), né à Rhyndacus (Phrygie), ambassadeur de Louis XII à Venise, dirigea un collège de Grecs à Rome sous Léon X. A laissé : *De veris græcarum litterarum formis ac causis apud antiquos*. Florence, Laur. Fr. de Alopa, 1494.

(2) SCHWARZERDE (1497-1560), né à Bretten (Bade), obtint à Wittemberg (1518), dans son enseignement public, un succès qui rappelle celui d'Abélard. On lui doit des grammaires, des manuels de rhétorique, de dialectique et de physique.

(3) Le premier collège de Jésuites fut fondé en 1546.

grammaire (1) y étaient nombreuses; de simples bourgs tels que Pesmes et Champlitte avaient leur collège. Dole, siège de l'Université, prétendait en matière d'enseignement donner le ton à la Province, prétention justifiée comme on le verra. Les documents qui servent de base à ce travail se rapportent à l'école de grammaire de Dole; ils pourront donc nous servir à caractériser les études secondaires en Franche-Comté pendant une des époques les plus importantes de l'histoire de la pédagogie, au temps des grands rénovateurs du XVIe siècle, et avant le plan d'études des Jésuites qui marque un arrêt dans l'évolution des doctrines de l'éducation.

(1) Le mot grammaire avait au XVIe siècle un sens beaucoup plus étendu qu'aujourd'hui. Les maîtres de grammaire enseignaient tout ce qui tient à la littérature, et préparaient même, par les éléments de la logique, aux études de la Faculté des arts à l'Université.

I

HISTORIQUE

Au XVIe siècle, Dole, capitale du Comté de Bourgogne, était un foyer de culture intellectuelle d'une certaine intensité. On peut s'en convaincre en lisant dans les *Mémoires* de Gollut le chapitre intitulé : *La Ville de Dole.* Nous en citons ci-dessous le résumé habilement fait dans un ouvrage paru quelque vingt-cinq ans après celui de notre historien franc-comtois. A travers la pompe du style, on verra ce qu'était cette ville au siècle de la Renaissance :

« Chacun sçait assez que la Ville de Dole, capitale du Conté de Bourgongne, assise sur l'arene et sur les rives du Doux, a tousjours esté bien renommée parmi les nations estrangères et provinces limitrophes qui sont aux environs : non pour sa grandeur et pour sa force, qui la rend néantmoins imprenable : non pour la belle ceinture de ses murs, ou pour cette tour éminente qu'on void au milieu d'icelle, qui cache son front dans les nuées, et qui devance toutes celles de la France en hauteur (1); mais bien pour estre le séjour des Muses, la mère nourrice des bonnes lettres, le berceau de tant de beaux esprits, et comme une autre déesse Antœe, mère de tant de théologiens, jurisconsultes, médecins, et philosophes qui sortent de son ventre, ayant une belle, et fameuse université en toutes sortes de sciences. Ville où l'on peut voir quatre, et cinq séminaires de religieux estudians, en autant de couvents. Ville à laquelle toutes les autres du païs doivent chacune un baise-main, pour estre empourprée de la justice, et pour avoir le lict, et l'honneur d'un Parlement souverain. Ville où va se rendre tout l'argent des finances, et la cresme du païs. Mais pour un dernier comble de louanges, ville remplie sur toutes aultres de piété et de dévotion (2). »

« La mère nourrice des bonnes lettres » possédait alors, pour l'instruction de la jeunesse, le collège établi par les Jésuites en 1582, et devenu célèbre depuis sous le nom de *Collège de l'Arc*. Cet établissement avait remplacé

(1) Il s'agit ici de la tour de l'église Notre-Dame, alors plus élevée qu'aujourd'hui : la flèche en fut abattue par les boulets de Condé pendant le siège de 1636.

(2) Denys de Formond, *La Tarantule du Guenon de Genève*. Saint-Mihiel, François du Bois, impr.-libr., MDCXX.

l'*École de grammaire* ou *Collège de grammaire* fondé et entretenu par la ville de Dole.

Sans atteindre la renommée presque européenne du Collège des Jésuites, l'École de grammaire, pendant de nombreuses années, eut dans toute la Province et même au delà une réputation méritée. Dole, fière de son titre de capitale, voulut que son collège, « le séminaire de la République », surpassât celui des autres villes par son organisation et son enseignement. Ceux des conseillers de ville qui étaient en même temps professeurs à l'Université ou membres du Parlement en rédigèrent les règlements et en discutèrent les programmes, lesquels servirent plus tard de modèles aux villes voisines. Principaux, régents venus souvent de Paris ou de Louvain, étaient gens capables et instruits. De ces « escolles que anciennement estoient estées repputées une Atthène en ce Comté de Bourgoigne, estoient partis, *tanquam ex equo Trojano,* plusieurs bons personnages par leurs vertus... et doctrines en lad. Court... (1) »

A quelle époque faut-il faire remonter la création de cette école ? Il n'est guère possible

(1) Arch. mun., cote 1152. — Requête de la Ville à la Cour de Parlement.

d'en fixer une avec certitude. Quelques historiens de notre ancien Dole mentionnent vaguement des titres de 1250 à 1300 relatant l'existence d'écoles dans une rue dite alors des *Vielles Escoles*. S'agissait-il d'écoles primaires, ou pour parler le langage du temps, de *petites écoles*, ou bien d'un collège, *ou grandes écoles ?* C'est ce qu'on ne sait pas. Rousset (1) dit que les Cisterciens établis à Dole cessèrent d'habiter leur hospice en 1400 et qu'à partir de cette date ils en louèrent les bâtiments à des laïques pour un collège. Nous n'avons rien trouvé dans les archives municipales qui pût confirmer ces assertions, tous les papiers de la Ville ayant péri quand la cité fut ruinée par les troupes de Louis XI que commandait Georges d'Amboise (2). Les renseignements authentiques que nous avons pu recueillir sur l'Ecole de grammaire sont tous d'une date postérieure à la terrible année 1479.

Le fonds de l'Hôtel-de-Ville, compulsé avec

(1) *Dictionnaire des communes du Jura*, article *Dole*.

(2) « L'an mil quatre cent septante et neuf, le jeudy vingt cinquième jour du mois de may, heure de midy, fut par les François et par trahison prinse la Ville de Dole, la plupart des habitans d'icelle occis, et les aultres prisonniers. Et en icelle heure, y mirent lesdits François le feu, et furent bruslées les églises Nostre-Dame et de St-Georges, les halles, auditoires, chambre du Conseil et moulin dudit Dole. La plupart d'icelle ville exter-

soin, nous a livré, outre de nombreux articles des registres municipaux à partir des premières années du XVIᵉ siècle, une liasse ne renfermant pas moins de trente pièces comprenant une période de cinquante-huit ans, de 1532 à 1590, année de la suppression du Collège de grammaire.

Nous trouvons l'école installée dans l'ancien hospice de Cîteaux. Cette maison, fondée par le comte Renaud III, de 1130 à 1134, dans un quartier proche des murailles au nord-ouest, et abandonnée depuis par les religieux, était louée à un *recteur d'écoles* ou *principal* élu par le Conseil de Ville pour diriger le Collège avec quatre régents sous ses ordres. Jusqu'en 1531, les registres des délibérations ne nous donnent point de longs détails sur l'école : quelques lignes seulement de loin en loin, indiquant les résolutions prises ou à prendre, telles que choix d'un principal lorsque le poste est vacant, renouvellement du bail de la maison de

minée, captive, ne sera veue par ceulx qui cy après liront comme dessus. Et ce nous certifions sous nos seings manuels cy mis.

(*Suivent trois lignes totalement effacées*).

» De Boisset, Duchamp, De Sainct-Mauris. »

Cette note, d'un éloquent laconisme, fut écrite sur les registres de l'Hôtel-de-Ville par trois survivants de cette catastrophe.

Cîteaux. Le Magistrat avait alors bien d'autres intérêts à débattre. Dole se relevait lentement de ses ruines, il fallait rebâtir les édifices publics et ceindre la ville de hautes et fortes murailles pour la mettre à l'abri d'un coup de main des Français. Nous avons jugé inutile de relever, pendant cette première période, excepté celui de Pierre Phœnix (1514), les noms des principaux qui se sont succédé à Dole ; outre que la liste risquerait fort d'être incomplète, elle n'offrirait que bien peu d'intérêt au lecteur.

Au mois de décembre 1531, il n'y a au Collège ni principal ni régent. Le Conseil de Ville cherche quelqu'un qui veuille accepter la principalité ou *principaulté*, comme on disait alors. Le 12 janvier 1531/2 (1), le scribe du Conseil nous annonce que « maistre Regnault Poinsot, maistre et recteur des escolles de grantmaire aud. Dole ouvrira lesd. escolles » le lundi suivant « et se pourvoyera de régens ». Au bout de peu de temps survinrent des difficultés entre le nouveau principal et la Ville. De quelle nature ? On l'ignore. Toujours est-il que le 15 mars suivant, Antoine de Brugnard est reçu, par le

(1) Nous indiquons de cette façon le millésime dans l'ancien style, lorsque la date est comprise entre le 1er janvier et Pâques.

Conseil, principal du Collège, à condition de se pourvoir encore de deux bons régents, son prédécesseur n'en ayant retenu que deux. Toutefois le conflit avec maître Poinsot n'était pas terminé. Le bail de la maison de Cîteaux avait été dressé, non pas au nom de la Ville, quoique celle-ci eût fait le nécessaire afin d'assurer la location de cet immeuble pour les écoles, mais au nom de Regnault Poinsot. Or celui-ci, pour jouer un bon tour au Magistrat, refuse de quitter les lieux. Comme on ne peut trouver aucun local convenable pour le Collège, le Conseil par le ministère de Guy Quarré, procureur-syndic de la Ville, adresse, fin avril 1532, une requête à la Cour de Parlement, afin qu'il plaise à celle-ci d'ordonner que la maison de Cîteaux soit laissée libre par le sieur Regnault, attendu qu'Antoine de Brugnard « a fait venir régent propice de Paris et aultres », qu'il convient « avoir lieu suffisant et décent à loger escoliers comme aussi à faire lecture », que la maison de Cîteaux est « détenue par led. maistre Regnault qui fait les portes d'icelle maison fermées et clauses tellement que led. sieur maistre Anthoine et ses régens et aussi les escoliers sont empêchés de l'entrée d'icelle maison », et qu'il est impossible de trouver un autre endroit qui convienne pour installer les écoles de grammaire (1). Le litige n'est tranché qu'au mois de juin en faveur de la Ville. On fait commandement à Poinsot de sortir de la maison à peine de vingt livres d'amende.

Les conventions faites entre la Ville et les principaux ne sont jusqu'ici que verbales : les parties contractantes s'en rapportent à leur mutuelle bonne foi. Pour la dernière élection nous savons seulement que le Conseil de Ville fit au principal la promesse d'intervenir auprès des distributeurs de l'Université, pour qu'en cas de vacance une lecture fût attribuée à l'un de ses régents (2). Des requêtes furent, en conséquence, adressées aux distributeurs à ce sujet (3). Quant à Antoine de Brugnard, il était déjà titulaire d'une chaire.

Le Collège resta pendant près de dix ans sous son intelligente direction qui prit fin en janvier 1539/40. En effet, à la date du 13, on lit dans les registres du Conseil : « A esté délibéré que maistre Michel sera pourveu principal desd. [escolles de grammaire] de lad. Ville, auquel sera monstré et leu les statuz sur ce...

(1) Arch. mun., cote 1450.

(2) Délib., 23 septembre 1532.

(3) Délib., 23 septembre et 5 novembre 1532, 25 septembre 1535.

faitz, pour les gardé et observé. » Michel n'est qu'un prénom, le nom entier est Michel Jannet que nous trouvons dans la liste des professeurs de la Faculté des arts à l'Université. Les statuts soumis à l'élu, rédigés par les conseillers compétents, sont, très probablement, à quelques modifications près, ceux qui figurent sans indication de date à la cote 1451. Nous reviendrons plus tard sur ces règlements et les reproduirons intégralement aux pièces justificatives.

Dès l'installation de Michel Jannet, on s'occupe du renouvellement du bail de la maison de Cîteaux qui va prendre fin. Les religieux ne sont pas disposés à prolonger la location de leur immeuble pour les écoles; on parvient cependant à les fléchir. Le principal paiera annuellement une somme de vingt-cinq francs et prendra l'entretien de la propriété à sa charge. Pendant plusieurs années à partir de ce moment, le choix d'un local pour le Collège de grammaire est l'une des grandes préoccupations du Magistrat. Dans le cours d'une même année, on ne trouve pas moins de sept délibérations ayant trait à cet objet. Afin de cesser d'être à la merci des Cisterciens, on entame des pourparlers successivement avec plusieurs particuliers pour l'achat de leurs maisons. Antoine de Brugnard, qui a repris la direction du Collège, offre (déc. 1542) d'édifier une maison à ses frais; mais il faut trouver un meix pour bâtir. Les coffres de la Ville ne regorgent pas de ducats, aussi une solution se fait-elle attendre. C'est, croyons-nous, en ce temps, 1541 à 1545, qu'on adresse à l'Empereur une requête dont le brouillon sans date figure aux archives (1), à l'effet de pouvoir appliquer à l'achat d'une maison pour le Collège, les cinq cents carolus (2) légués par la demoiselle veuve Vauchier pour être employés aux réparations de la Ville.

Sur ces entrefaites, la maison de Cîteaux passa en d'autres mains. Les religieux firent, le 14 février 1544/5, avec Henry Collin, docteur ès droits, conseiller au Parlement, échange de leur propriété contre « un quartier de puits à muyre » au Bourg-Dessous de Salins (3), et

(1) Arch. mun., cote 1449.

(2) Le carolus d'or de Besançon valait, en 1540, 7 livres 14 sols (D. Grappin).

(3) Le puits d'eau salée dont il est ici question est celui de l'établissement actuel des bains; voir sa description dans Gollut, liv. II, chap. XXVIII. « On donnoit le nom de *quartier* à chacune des 419 parties 26 seilles 3/4 de l'eau des sources des petites salines de Salins, qui se partageoient encore en 1592 aux héritiers de ceux qui avoient travaillé à la découverte de ces mêmes sources, ou aux particuliers qui en avoient acheté le

une rente annuelle de dix sols estevenants (1) au profit de l'Ordre (2).

Les édiles dolois, craignant que le nouveau propriétaire ne détournât l'ancien hospice de la destination qu'il avait depuis de longues années, ce qui les eût mis dans un grand embarras, firent, dès l'année suivante, des démarches pour s'en rendre acquéreurs. Après plusieurs offres de prix non acceptés, on finit par se mettre d'accord, et le 12 septembre 1546, Henry Collin vendit au Magistrat les bâtiments de Cîteaux moyennant seize cents francs monnaie courante du Comté de Bourgogne (3) et le transfert à la charge de la Ville de la rente de dix sols souscrite précédemment par le vendeur (4). Le prix en fut payé sur les revenus des moulins, prés et maisons de la Ville (5).

Au mois de décembre 1547, Antoine de

droit. Le quartier contenoit trente seaux d'eau salée. » (D. Grappin.)

(1) Ce mot s'employait pour désigner les monnaies de l'archevêque de Besançon qui portaient le nom de Saint-Etienne sur l'une des faces. D'après D. Grappin, 10 sols estevenants valaient 7 sols 4 deniers 8/9 monnaie de France.

(2) Arch. mun., cote 1450.

(3) Un franc monnaie comtoise valait 13 sols 4 deniers monnaie de France (D. Grappin).

(4) Arch. mun., cote 1450. — En avril et mai 1578 eurent lieu des pourparlers avec le chapitre général de Citeaux pour le rachat de ce cens; nous ignorons s'ils aboutirent.

(5) Délib., 12 septembre 1546.

Brugnard annonce au Conseil qu'il délaissera ses fonctions de principal dès qu'on lui aura trouvé un successeur. Les Conseillers font des offres à maître Laurent Prynez (ou Prunet) habitant Salins, qui accepte la principalité et vient prendre possession de son poste à Quasimodo de l'an 1548. Sa direction fut de courte durée; car à la date du 20 mars 1550/1, sa veuve présentait au Conseil un mémoire des dépenses faites par son mari pour réparations. Les travaux furent estimés et le montant remboursé à la femme de feu Prynez.

Aussitôt Jehan Mathieu, maître ès arts, adressa une requête au Magistrat pour briguer la succession de Laurent Prynez (1). Il fut élu, et en même temps on lui fit un prêt de la somme de vingt francs remboursables en quatre années, pour couvrir ses frais d'installation. Les statuts du Collège, revus et modifiés, furent mis entre les mains du nouveau principal (2), et les conseillers Boudier, Drouhot et Duchamp « commis pour prier les distributeurs de l'Université dud. Dole de bailler à maistre Jehan Mathieu, à présent principal du Collége de grammaire aud. Dole, la lecture et lesson

(1) Délib., 24 mars 1550/1.

(2) Id., 14 avril, 25 avril, 28 juin 1551, et 24 février 1551/2.

de maistre aux ars en lad. Université (1) ». Le règlement corrigé dont il vient d'être parlé, fut complété par le plan d'études présenté par Mathieu au Conseil de Ville le 9 août 1553 (2).

Les conventions étaient faites pour six ans, lesquels expiraient en mars 1555/6. Dès le mois de janvier, les mayeur et échevins demandent au principal s'il a l'intention de conserver sa charge pendant une nouvelle période de six ans. En présence de son indécision, la Ville lui offre remise de sa dette de vingt francs non libérée encore, et en outre vingt autres francs « s'il veult promectre de régenter et continuer ausd. escoles trois ans devant (3) ». Quelques jours plus tard, le mayeur « fait rapport que maistre Jehan Mathieu, principal des escoles de grantmaire de ceste Ville, na l'intention à ladvenir continuer à lad. régence, parquoy chascun desd. susnommés a esté admonesté d'en proposer et treuver ung autre au plustôt qu'il sera possible (4) ». En récompense de ses services, la Ville le reçoit habitant. Les cent sols dus pour sa réception et la créance de vingt francs lui sont abandonnés à condition

(1) Délib., 7 avril 1551.
(2) Arch. mun., cote 1451.
(3) Délib., 22, 24 et 29 janvier 1555/6.
(4) Id., 5 février 1555/6.

de verser dix francs dans la caisse de la fabrique (1).

Jehan Bartheault, chanoine à l'église Notre-Dame de Dijon et régent au Collège de la même ville fut présenté au Conseil de Ville par Charles Grandjean, sieur de Romain, le 17 mars 1555/6. « Après avoir entendu le propoz fait par discrète personne, messire Jehan Barteaul, prêtre chanoine de l'église Notre-Dame à Dijon, appelé au Conseil en présence de noble et égraige personne messire Charles Grantjehan, docteur esd. drois, sieur de Romain, premier avocat fiscal en la Court souveraine de Parlement en ce lieu, par lequel il a déclaré... qu'il estoit content d'accepter la charge de principal et régence des escoles de grantmaire de ceste ville en luy gratiffiant de quelque somme pour payer les gaiges d'un régent soubz luy, ont délibéré, lesd. sieurs de Romain et Barteaut estant retiréz, que lesd. sieurs mayeur et eschevins conviendront avec led. Barteaut l'on accorderoit et promecteroit payer pour deux ans prouchains la somme de cent frans, quest pour chascun an cinquante frans pour les gaiges d'un notable régent. » De plus le receveur devra lui délivrer « la somme

(1) Délib., 23 juin 1556.

de vingt frans monnayé et ce pour son viaticque et charroy de ses livres et aultres meubles en ced. lieu ». On résout enfin qu'après son installation, « l'on traictera et advisera avec luy comme il se debvra conduyre » dans le gouvernement des écoles (1). Et, en effet, au bout de peu de temps on lui demande de soumettre à l'approbation du Conseil le règlement concernant les études et la police dans l'établissement qu'il dirige (2). Le principal tarde à satisfaire au désir du Magistrat, puisqu'à la date du 10 février 1556/7, on charge le Conseiller Drouhot de « dire au principal des escoles de grammaire qu'il ait à rédiger par escript l'ordre qu'il entend tenir à ses lectures et aultre police de sa maison pour sur ce le Conseil délibérer et adviser ce qu'il sera expédient ». Le 27 mars suivant, le nouvel ordre des lectures est enfin présenté à la ratification du Conseil.

Celui-ci ne fut pas longtemps à s'apercevoir que le choix de Bartheault n'était pas heureux. Nature violente, administrateur et éducateur pitoyable, le nouveau principal, au lieu de s'assurer le concours de régents doctes et expérimentés, « se contenta d'ung sien frère nommé

(1) Délib., 17 et 18 mars 1555/6.
(2) Id., 14 avril 1556.

maistre Gérard et aultres semblables à luy en érudition et non moins barbares que mal guidés et conduicts (1) ». Les régents convenables qui s'étaient par aventure fourvoyés chez les frères Bartheault, outrés de leurs grossièretés et de leurs mauvais traitements, avaient bientôt déguerpi sans même demander un règlement de compte.

Dès le mois d'août 1556, le mayeur fut obligé d'aller mettre ordre aux débats des maîtres du Collège ; au mois de janvier suivant, nouvelle intervention du Magistrat qui recevait des plaintes réitérées sur la direction et l'enseignement. L'École se dépeuplait : malgré les objurgations et les menaces du Conseil, les pédagogues qui avaient des enfants chez eux refusaient de les conduire au Collège ; les autres élèves restaient à la maison ou émigraient au Collège de Pesmes dont le principal, Pierre Humbert, de Vosbles (2), faisait merveille.

Il fallait prendre un parti prompt et énergique. François de Marenches, avocat de la Ville, fut dépêché à Pesmes (3) pour offrir la

(1) Arch. mun., cote 1452.
(2) Vosbles, canton d'Arinthod (Jura).
(3) Délib., 28 déc. 1557.

principalité à Humbert qui accepta et promit de venir s'établir à Dole pour la Chandeleur suivante; puis, incontinent, il fut enjoint à Bartheault d'avoir à vider les lieux dans les huit jours (16 janvier 1557/8).

Celui-ci adresse coup sur coup deux plaintes au Parlement contre les Magistrats qui ripostent en lui administrant une bonne volée de bois vert dans une requête à la Cour intitulée : *Resmontrances que font les s[rs] mayeur et eschevins de Dole pour le reboutement des fins des deux requestes présentées à la Court souveraine par messire Jehan Barteaut, prestre, soy disant principal et recteur des escoles dud. lieu sur lesquelles advecque aultres pièces par eulx fournies, ils requièrent appointement* (1). Entière satisfaction est donnée à l'administration municipale (21 janvier 1557/8); Jehan Bartheault n'a plus qu'à sortir de l'École.

On laisse à Pierre Humbert le temps de s'installer, de s'assurer de nouveaux régents et de remettre l'ordre dans l'établissement; puis on s'occupe du traité que l'on devra faire avec lui « pour le bien publicque, seureté de la Ville, et que l'on ne tombe en l'inconvénient de son

(1) Arch. mun., cote 1452.

prédécesseur principal (1) ». Malheureusement, au cours de la discussion des articles qui se poursuit durant toute une année, le principal tombe malade et meurt (août 1559).

Immédiatement on écrit à Claude Convers, de Conliége, homme capable, au rapport de plusieurs personnages de la Ville, pour lui offrir la direction du Collège. Convers entra en charge au mois d'octobre 1559. Le contrat préparé pour Humbert servit au nouvel arrivant ; et deux conseillers reçurent mandat d'aller prier les distributeurs de pourvoir le principal et son premier régent de lectures aux arts à l'Université.

Avec Claude Convers, et Blaise Contet de Chalon-sur-Saône qui lui succède en 1566/7 (2), le Collège traverse une période de calme dont il a grand besoin pour son relèvement.

Au premier janvier 1570/1, l'avocat au Parlement, le futur historien de la Franche-Comté, Louis Gollut, prend la charge de principal du Collège de grammaire (3). Pour obéir aux canons du concile de Trente (1563), lui et ses régents prêtent serment sur les Évangiles et

(1) Délib., 29 juillet 1558.

(2) Arch. mun., cote 1454. — Le traité Contet est du 18 février 1566/7.

(3) Id., cote 1455. — Le traité Gollut est du 16 décembre 1570.

font une profession de foi catholique par devant le vice-chancelier « subconservateur des privileiges appostolicques » de l'Université, suppléant le chancelier archevêque de Besançon, et en présence de témoins (3 octobre 1571) (1).

C'est la première fois que nous voyons l'Université et l'autorité ecclésiastique intervenir dans les affaires de l'École. Nous ne pensons pas que cet acte se soit reproduit dans la suite ; on n'en retrouve aucune autre mention, ni dans les registres des délibérations, ni dans la liasse des documents concernant le Collège.

Par l'entremise du Magistrat qui a déjà pu apprécier ses talents, la chaire de « professeur latin en lettres humaines » à l'Université, nouvellement créée, est attribuée à Gollut en 1571. En même temps le Conseil, désirant remplacer au Collège la grammaire du luthérien Rivius (2), lui confie le soin d'en composer une autre sur le même plan (3). Le travail est rapidement

(1) Arch. mun., cote 1455. — Délib. 2 octobre 1571. — Voir aux pièces justif.

(2) Grammaticæ libri VIII. Lipsiæ, 1543.

Jean Rivius (1500-1553), né à Athendorn (Westphalie), enseigna longtemps à Cologne, Zwickau, Annaberg, Schneeberg et Freyberg, devint ensuite conseiller d'Auguste, électeur de Saxe, et enfin inspecteur des écoles à Meissen, où il mourut (Gottlieb Jocher, *Allgemeines Gelehrten Lexicon*).

(3) Délib., 30 octobre 1571.

mené à bien, car à la date du 21 décembre, le manuscrit de la nouvelle grammaire est remis entre les mains des conseillers pour être revu et corrigé si besoin est. Comme il n'y a pas à ce moment d'imprimeur dans le Comté, l'ouvrage de Gollut est confié aux presses de P. Roussin de Lyon. Il est publié en 1572 sous le titre : *Gymnasii Dolani grammatica latina in quatuor libros digesta* (1), et vendu « cinq solz en blancs » l'exemplaire, chez Jehan Tarlot libraire à Dole. « Et sur le tout du prix d'icelles » il est prélevé par « le sieur principal du Collége cinquante frans pour ses peines et labeurs (2) ».

Après trois années de gestion, Gollut demande à résilier son contrat avec la Ville, lequel était fait pour six ans. Les obligations auxquelles il est assujetti sont onéreuses, et comme on traverse une période de mauvaises années, il ne peut, dit-il, y suffire, car au lieu de faire des bénéfices, il est aujourd'hui en déficit. Le Magistrat répond qu'il a au contraire dû faire des gains, que sa chaire à l'Université est due à l'intervention du Conseil de Ville plutôt qu'à son propre mérite et qu'enfin son traité n'est

(1) Se trouve à la Bibliothèque de Besançon. Dédié à l'archevêque Claude de la Baume.

(2) Délib., 4 juillet 1572.

pas expiré. La cause est portée devant le Parlement qui, par un arrêt du 5 septembre 1573, condamne Gollut à continuer ses fonctions aux mêmes conditions ; mais l'administration lui permet de n'avoir que trois régents « jusques aultrement soit ordonné pour raison de la cherté et rigueur du temps (1) ».

A la fin de l'année 1575, on dut songer à pourvoir le Collège d'un principal pour une nouvelle période de six ans. Pierre Pastel, docteur ès droits, et le chanoine Vacherus, successivement élus par le Conseil, refusèrent d'accepter les clauses du traité Gollut. Étienne Sautheret, d'Ornans, docteur ès droits et professeur à l'Université, consentit enfin à prendre la direction du Collège (2) que la mort vint lui enlever quelques mois plus tard (mai 1576). Antoine Garnier, déjà professeur de grec à l'Université, lui succéda à la tête de l'École (3).

L'année précédente, Pierre Froissard, seigneur de Broissia, président du Parlement, avait, par son testament, chargé ses frères et héritiers, Simon et Jean, de disposer d'une partie de ses biens en faveur de la Ville à l'effet

(1) Délib., 2 octobre 1573.
(2) Arch. mun., cote 1456. — V. aux pièces justif.
(3) Id., cote 1457.

de fonder au Collège six bourses pour des enfants pauvres de Dole, Sellières et Broissia. Une convention intervenue le 21 avril 1581 entre la Ville et les frères Froissard (1) stipula que les boursiers seraient choisis par les héritiers, leurs hoirs et successeurs, et changés de six ans en six ans; qu'ils seraient entretenus par le principal, lequel de ce fait recevrait une annuité de cinq cents francs, et enfin que dans le cas où l'on nommerait à ces bourses des enfants nés hors de la Ville et non pauvres, le Magistrat pourrait y mettre opposition.

C'est aussi pendant le principalat de Garnier que les Jésuites appelés par le Conseil de Ville (1578) viennent s'établir à Dole. Nous avons raconté ailleurs (2) les différentes phases des négociations qui aboutissent par le traité conclu entre le Magistrat et le Père Edmond Auger le 18 décembre 1582, à la fondation d'un collège de la Compagnie de Jésus. Aux termes de cet acte, les Pères se réservent l'entière charge « des lectures et tous exercices de lettres et de piété » qui se feront au Collège de grammaire ; mais l'économie temporelle reste entre les mains des administrateurs de la

(1) Arch. mun., cote 1491.
(2) *Le Collège de l'Arc à Dole*, Chaligne, 1887.

Ville, et elle « serat mise sous la conduitte de telles personnes vertueuses et capables qu'ils adviseront sans que lesdits Pères s'en empeschent en façon que ce soit, jusqu'à ce que leurs commodité porte de se charger encore de lad. œconomie... »

L'introduction dans le gouvernement de l'école de ce régime dualiste marque la fin du vieux Collège de grammaire ; désormais l'internat de la Ville où les Jésuites viennent enseigner s'appellera *Collége des pensionnaires*, les bâtiments habités par ceux-ci de l'autre côté de la rue de Cîteaux formeront le *Collége des Pères Jésuites*. Il nous reste à suivre le premier dans son existence éphémère, absorbé qu'il sera bientôt par le second.

Dès le mois d'avril 1582, les conseillers de Ville avaient écrit au principal Garnier, alors en mission auprès de la Cour de Bruxelles, pour le prier de leur faire connaître si, à l'expiration de son traité, en juin, sa volonté était de prendre la direction des pensionnaires. Ne voulant pas être réduit à la condition de simple maître de pension, il refusa net, consentant toutefois à prolonger sa gestion jusqu'à la fin de l'année. Le Magistrat se met alors pour le Collège des pensionnaires en quête d'un sujet qui ait « les rangs et degretz accoustuméz de toute ancienneté au Collége de grammaire ». Par délibération du 29 janvier 1583, Claude Bricon, docteur ès droits, est nommé économe pour six ans à dater du 1er février suivant (1); et quelques mois après sont installés à son compte quatre préfets des études. D'après son marché avec la Ville, le principal-économe, privé de toute initiative et presque de toute autorité, n'était autre chose que le domestique du Conseil et le très humble et très obéissant serviteur des Pères à qui il était obligé de s'en référer pour l'application des mesures disciplinaires et pour l'emploi du temps. Bricon gérait la pension depuis six mois lorsqu'arrivèrent pour faire lectures deux Jésuites. Le petit nombre des maîtres, le trouble jeté dans le Collège par la reconstruction des bâtiments éloignaient les pensionnaires. L'économe qui avait fait douze cents francs de frais pour son entrée en charge, voyait manger son blé par les rats et ses provisions de vin s'aigrir dans les vaisseaux. Au mois de juin 1584, il présenta au Conseil de Ville un mémoire détaillé de toutes les pertes et dommages subis depuis son entrée en

(1) Arch. mun., cote 1458. — V. aux pièces justificatives.

fonctions (1), ledit mémoire s'élevant à mille francs. Dans cette somme étaient compris le montant du déchet du blé et du vin, l'intérêt de l'argent emprunté ou fourni par lui pour l'achat des provisions et du mobilier, et enfin l'évaluation pécuniaire de son travail, de ses peines et même de ses inquiétudes. Il est vraiment dommage que ce dernier article n'ait pas été tarifé à part. En même temps il se plaignait de vive voix d'être contraint par la Ville d'entretenir quatre préfets pour les répétitions aux enfants, sans qu'aucune convention écrite l'y obligeât, de ne pouvoir se procurer que difficilement un jeune homme convenable pour enseigner les abécédaires, parce qu'un sujet instruit ne voudrait se consacrer à telle tâche, et que celui qui aurait besoin de poursuivre ses études ne le pourrait, les Jésuites refusant de le recevoir à leurs lectures. En outre, il ne pouvait, disait-il, nourrir les boursiers comme les autres élèves, puisqu'ils ne payaient que demi-pension. Enfin il trouvait exorbitant que l'on empêchât sa femme d'entrer même à la cuisine du Collège, car il lui semblait « expédient que sad. femme hantast du moins en lad. cuisine pour donner ordre à la conservation des viandes,

(1) Arch. mun., cote 1458.

et à éviter des larrecins ». Comme conclusion, il demandait la résiliation de son traité et une indemnité égale au chiffre total de son mémoire. Le premier point fut accordé, mais l'indemnité réduite à deux cents francs.

Quelques jours après, le Conseil concluait, pour la direction des pensionnaires, avec Pierre Jacquot, docteur ès droits, un traité sur les bases du précédent (1). De plus l'économe acceptait les conditions qui avaient fait l'objet des plaintes verbales de Bricon. Sa gestion ne fut pas de longue durée, puisque nous voyons Pierre de Soye, prêtre et bachelier en théologie, lui succéder le 12 septembre 1585.

Cette fois, le Magistrat, dans l'espoir de mettre un terme à ce va-et-vient des principaux-économes, réduisit un peu ses exigences en permettant d'élever le prix des pensions (2). Les doléances n'en continuèrent pas moins. Le Collège, alléguait de Soye en 1587, n'était pas en bon ordre, les bâtiments restaient inachevés, ce qui l'obligeait, faute de place, à aller, quoique malade, loger en ville. Il demandait qu'on lui fît obtenir un bénéfice ecclésiastique et qu'on lui accordât en raison « de la cherté

(1) Arch. mun., cote 1459.
(2) Id., id. — Délib., 8 nov. 1585.

des temps et pauvreté des escholiers domesticques » quelque libéralité pour lui aider à nourrir un préfet. Le Conseil lui accorda la somme de quatre-vingts francs « de la pension appartenant à la Ville sur le prioré de St-Vivant (1) » et promit son appui auprès des distributeurs pour une lecture de théologie à l'Université, lecture qu'il obtint en effet.

L'insuffisance du personnel avait seule empêché les Jésuites, en 1582, de se charger des pensionnaires ; mais comme après huit années écoulées leur nombre s'était sensiblement accru, ils acceptèrent, sur les pressantes sollicitations de la municipalité excédée par les ennuis et l'insuccès de sa tutelle administrative, d'incorporer le pensionnat à leur Collège. Avec le traité du 3 novembre 1590 (2), disparut à Dole le dernier vestige du Collège de grammaire. Les abécédaires dont la Compagnie de Jésus n'avait jamais voulu s'occuper furent transférés dans un autre local.

(1) Arch. mun., cote 1465.
(2) *Le Collège de l'Arc*, p. 233.

II

LES BATIMENTS ET LE MATÉRIEL

L'ancien hospice de l'ordre de Cîteaux, devenu le Collège de grammaire, se composait de deux bâtiments auxquels étaient attenants une cour et un jardin, le tout occupant une superficie d'environ quatorze ares. Le terrain, ayant la forme d'un quadrilatère *(voir le plan à la fin du volume)*, était limité au nord par une ruelle donnant accès de la « rue de Citeaulx ou des Vielles escolles » (aujourd'hui rue du Collège) aux remparts de la Ville (1), au midi par des maisons particulières avec meix et jardins (aujourd'hui partie de l'école Notre-Dame de Mont-Roland), à l'est par la rue de Cîteaux et à l'ouest par le mur d'enceinte de la Ville. Sur ce même fonds se trouvent actuellement les bâtiments et la cour des classes du Collège de l'Arc.

Les deux bâtiments placés dans des directions à peu près parallèles offraient pignons sur la ruelle; l'un, en bois, bordait la rue de

(1) Cette ruelle n'existe plus; sur son emplacement sont construites les dépendances de la maison Ribeaudet, rue du Collège, n° 22 (aux Jésuites).

Cîteaux, l'autre, en pierre, était du côté des fortifications. Leur longueur n'égalait pas celle des bâtiments qui les ont remplacés. Entre les deux corps de logis se trouvait la cour, le jardin occupait le reste du terrain. Dans la construction en pierre étaient la cave, la cuisine, le four, la dépense, le réfectoire, les chambres affectées au logement du principal, les études et les chambres des pensionnaires; les classes se tenaient dans l'autre bâtiment. Des galeries de bois s'adossaient aux deux logis et une troisième galerie établissait une communication entre eux en cas de mauvais temps.

Avant l'acquisition de l'immeuble, la Ville, avons-nous vu, en assurait la location aux principaux du Collège. Le prix annuel du loyer, de vingt-cinq francs sous le principalat de Michel Jannet (1540), n'était plus que de vingt-deux francs et demi lors de la cession à Henry Collin ; de plus, les locataires devaient employer jusqu'à la somme de dix francs pour les petites réparations. Malgré une location sans chômages, cette propriété était une charge pour les Cisterciens, à cause, disaient-ils, des grands frais « de réparacions et grand entretenement souvent imposéz par les mayeur, eschevins et Conseil de la ville de Dole, tant pour les fortificacions que reparacions et aultres affaires de lad. ville (1) ». C'est ce qui explique leur transaction avec le conseiller Collin.

La maison de Cîteaux devait être dans un grand état de délabrement si l'on en juge par les registres de l'Hôtel-de-Ville qui accusent presque chaque année des réparations à partir du jour où la Ville en devint propriétaire. Il fallut onze ans pour mettre les locaux dans un état convenable. Nous lisons, en effet, dans l'une des pièces concernant le différend survenu en 1557 entre le Magistrat et le principal Bartheault (2) que l'École avait été « mise en telle réparation que honorablement luy estoit facile (à Bartheault) en icelle recepvoir enffans de quelque grande quallité et maison qu'ils fussent et voire tels précepteurs qu'il eut choisi fut à Paris, Louvain et ailleurs ». Hâtons-nous d'ajouter que nous avons des raisons — raisons dans le détail desquelles nous ne pouvons entrer — de croire qu'on était comme ailleurs peu difficile sur le chapitre de l'aménagement des écoles. On sait quelle était l'installation de la plupart des collèges à Paris ; en province, c'était pis. A Troyes, par exemple, n'avait-on pas logé les

(1) Arch. mun., cote 1450.
(2) Arch. mun., cote 1452.

« escholiers » dans une vieille grange agrandie d'une ancienne auberge où pendait l'enseigne de *la Licorne?* (1) A Verneuil, en 1599, le Collège est établi à l'Hôtel-Dieu « en attendant qu'il se pourra treuver lieu commode en lad. ville pour placer led. Collége et les régens » (2). Sans aller aussi loin, à Gray, en 1581, le collège est inhabitable et l'on est obligé d'en bâtir un nouveau (3).

Chaque principal s'oblige envers la Ville dans son traité avec celle-ci, à rendre les bâtiments « en dehue et convenable réparation et entretien tant en couverture que aultrement; et ainsi et par la forme et manière qu'elles lui seront baillées et que sera rédigé par escript pour mémoire et souvenance de ce, tous cas fortuitz toutesfois réservéz ». Cependant en « icelle maison et classe, il ne pourra faire édifice ny nouvelle œuvre quel qu'il soit sans la permission et consentement dud. conseil, aultrement nen sera remborsé ny satisfaict » (4).

(1) G. Carré, *L'Enseignement secondaire à Troyes, du Moyen-Age à la Révolution*. Paris, Hachette, 1888.

(2) *Le Collège de Verneuil*, documents publiés par la *Revue de l'enseignement secondaire et de l'enseignement supérieur* (1er janvier 1886).

(3) Ch. Godard, *Histoire de l'ancien Collège de Gray*. Gray, Roux, 1887.

(4) Arch. mun., cotes 1454, 1455, 1456, 1457, 1458, 1459.

Le mobilier scolaire était fourni par la Ville. Il ne se composait guère que de chaires pour les régents, de bancs pour les classes, « de poulpitres » (pupitres) et d'escabelles pour les chambres d'étude. Le principal à son entrée en fonctions achetait ce qui était nécessaire à l'entretien des pensionnaires. Lorsqu'il quittait le Collège, une commission du Conseil de Ville s'y rendait pour vérifier l'état des lieux et des meubles.

Le principal-économe Bricon, sur le point d'abandonner sa charge, dressait une liste des meubles, objets mobiliers et ustensiles qu'il demandait à la Ville de racheter (1). Nous y relevons, outre des provisions de bouche et de combustible (vin, blé, lard, charbon), deux cent soixante livres de vaisselle d'étain, des chaufferettes de laiton, un couteau à couper le pain, une marmite de la contenance d'un greau (seau) et demi, un pot de fer, des tables et des bancs pour la salle à manger, la cuisine et la chambre du portier, une « mat » (2) de la contenance de sept mesures (3), un farinier tenant deux

(1) Arch. mun., cote 1458.

(2) *Mait* ou *meit*, pétrin supporté par quatre pieds et qui, muni de son couvercle, peut servir de table.

(3) La mesure de Dole valait environ 18 lit. 3/4, en établissant

bichets et demi (1), une arche à poisson, des garde-robes, quarante-trois « chailliz » (châlits) pour le couchage des élèves, avec la literie comprenant lits de plume, « lediers » (2), couvertures, « materatz, linceulx » et enfin des nappes et des serviettes.

Les Dolois, tout en poursuivant la réfection de leurs vieux bâtiments, comprirent que le progrès des idées dans le domaine éducatif comportait d'importantes modifications dans l'installation matérielle d'une école. Sans tenter de réaliser la conception de l'auteur de l'*Heptadogma* — instruction en sept points sur l'établissement d'un collège, parue dans la première moitié du siècle (3) — qui demandait pour le moins vingt ou trente chambres avec des bibliothèques, plusieurs cours, une chapelle, une cuisine, une dépense, un bûcher, une cave, un jardin, une douzaine de classes spacieuses, une porte et un portier, les édiles

le calcul sur le poids d'une mesure de froment qui était de 29 livres d'après dom Grappin.

(1) Le bichet ou 1/2 bichot valait 12 mesures.

(2) Un *ledier, lodier* ou encore *loudier* désignait un couvre-pied ou une courte-pointe.

(3) *Heptadogma seu septem pro erigendo gymnasio documenta ad generosos prudentesque dominos et cives eximios.* (A la suite du *Compendium* de Robert Goulet. — Reproduit par M. J. Quicherat dans son *Histoire de Sainte-Barbe*).

voulurent du moins que l'Ecole de grammaire fît bonne figure à côté de celles des autres villes universitaires. Du reste, l'état des finances ne permettait pas de trop coûteuses constructions. Pour commencer on décide de clore le Collège avec des murs de pierre. La muraille du côté de la ruelle, de deux toises de hauteur, est commencée en 1557; la clôture entière n'est terminée qu'en 1572.

Deux ans plus tard, on remanie complètement le bâtiment près des fortifications, et on décide, en 1577, de construire à la partie supérieure quinze chambres pour les enfants riches qui travaillent sous la direction de précepteurs particuliers. Mais comme les fonds manquent, on a recours à un moyen assez ingénieux, sinon très pratique; il est convenu que « les estudes que l'on fera au galetas se pourront dresser aux frais des enfans qu'y vouldront estre, lesquelx quant ilz s'en yront se pourront faire repayer de leurs frais par ceulx qui rentreront en leurs places » (1).

Après le sac de 1479, beaucoup de maisons furent à la hâte rebâties en bois; de ce nombre était sans doute celle où les régents faisaient leurs lectures. En 1575, comme elle menaçait

(1) Arch. mun., cote 1455. — Délib., 2 juillet 1577.

de s'écrouler, on en vota la reconstruction. Le nouvel édifice, bâti de bonne pierre, devait être plus important que l'ancien ; on lui donnerait douze toises le Comte en longueur et seize pieds en largeur dans œuvre (1) ; il aurait trois étages, le rez-de-chaussée logerait les quatre classes, on ferait des chambres au premier et une grande salle basse au deuxième (2) où plus tard se tinrent les abécédaires. Les dépenses de construction devaient être couvertes par un emprunt à la caisse de la fabrique (3). Malgré l'urgence, on ne put tout d'abord, faute d'argent, exécuter que la portion avoisinant la ruelle ; les fondations de la seconde partie ne furent jetées que dans les premiers jours de l'année 1579 (4). Le bâtiment dont nous parlons est occupé aujourd'hui par une partie des classes du Collège de l'Arc ; le clocheton, le portail et les petites chambres au-dessus de l'entrée y furent ajoutés de 1583 à 1588.

(1) La toise le Comte se divisait en 7 pieds le Comte, et le pied le Comte valait 13 pouces 9 lignes 5 points et 3/4 de point de Roi ou de Paris. La conversion en mesures métriques faite au moyen des tables de l'*Annuaire du bureau des longitudes* donne pour la toise le Comte 2m,485, et pour le pied le Comte, 0m,355.

(2) Arch. mun., cote 1455.

(3) Délib. 9 nov. 1576.

(4) Id., 4 février 1579.

Il n'y avait au Collège de grammaire ni chapelle, ni oratoire ; le principal assistait le dimanche à la messe de l'Université dans l'église du Collège St-Jérôme, il en était peut-être de même des élèves. L'inconvénient de déplacer les écoliers pour l'accomplissement de leurs devoirs religieux n'était pas sans avoir attiré l'attention du Magistrat. A différentes époques, la question de construction d'une chapelle fut agitée au sein du Conseil de Ville. La première délibération relative à cet objet est datée du 18 mars 1555/6. « Sur le propoz ayant esté tenu de faire une chappelle en la maison de l'escole de grantmaire en ceste ville, led. sieur Vurry a dict et déclaré à ce conseil qu'il consentoit que les matériaulx de la chappelle Sainct Claude estant demeurée en estat, de la vielle église, qu'il dict à luy appartenir fussent prins et transportéz en lad. maison et illec redressés et formés en chappelle à condition que luy et ses successeurs soient et demeurent colateurs des fondations d'icelle. » Le projet pris et repris n'avait reçu aucune solution lorsque la Ville céda la vieille école aux Jésuites.

Les travaux se poursuivirent sous le régime inauguré en 1583. L'année suivante, le principal-économe Jacquot, dans une requête au Conseil (1), sollicite pour lui-même l'aménagement d'une chambre, celle qu'il occupait ayant été convertie en salle d'études. Il demande aussi l'agrandissement du four afin qu'on ne soit pas obligé de cuire du pain tous les deux jours. Les bancs dans les classes étaient insuffisants, il en fallait deux douzaines de plus.

De la même requête citons encore à titre de curiosité le paragraphe suivant : « En la chambre du vieux corps de logis proche les murailles de la ville, il convient bastir et dresser un bornevent, pour estre lad. chambre exposée aux ventz. Et ouvrant la porte d'icelle, le vent chasse le feu soubz les lictz en danger de brusler le Collége, lequel on ne pourroit détorner le cas advenant (que Dieu ne veuille) pour ny avoyr aud. Collége puys ny cisterne, qu'est une grande incommodité et grandz fraiz aud. principal pour estre contrainct d'entretenir ung homme avec ung asne pour servir les enffans deaut saine. » La citerne réclamée depuis longtemps par les principaux fut creusée peu d'années après.

Bien que de fréquentes et importantes réparations eussent été faites au logis des pensionnaires, les murs tombaient de vétusté, et en

(1) Arch. mun., cote 1459.

1584, il devint urgent de le démolir pour en opérer la réédification dans de plus vastes proportions (1). Ce travail, avec la construction de chambres pour les boursiers au-dessus de l'entrée, est le dernier qui ait été exécuté avant la prise de possession du pensionnat par la Compagnie de Jésus, en 1590.

(1) Le bâtiment élevé en 1743, au fond de la cour des classes du collège actuel, occupe le même emplacement.

III

LES PRINCIPAUX ET LES RÉGENTS

Nous possédons l'ordre chronologique des faits, les personnages et les lieux nous sont connus ; il convient maintenant d'étudier avec quelque détail l'organisation de l'école de Dole et ses programmes d'enseignement.

Dans les pays de langue française, les collèges — à l'exception de ceux de Paris — étaient, en général, au XVIe siècle, des établissements municipaux ayant un personnel composé indifféremment de laïques ou de prêtres séculiers. Anciennes écoles capitulaires transformées, quelques-uns étaient restés dans une sorte de dépendance à l'égard de certains dignitaires des chapitres qui étaient, comme on disait alors, les *collateurs* de ces écoles. Ainsi les abbés de Corneux avaient le titre de curés primitifs et écolâtres de Gray, et en cette qualité ils nommaient les recteurs d'écoles de la Ville (1). Mais le plus souvent il n'en allait

(1) CH. GODARD, *loc. cit.* — A Troyes, le chapitre de St-Pierre participait à l'élection du principal (G. CARRÉ, *loc. cit.*).

pas ainsi, et les écoles étaient placées sous la suprême direction des administrateurs de la cité. C'était le cas à Dole.

Lorsqu'il y avait lieu de pourvoir au remplacement du principal (1), le mayeur priait les conseillers d'en trouver et proposer un autre le plus tôt qu'il serait possible. Il n'était pas toujours nécessaire de chercher bien loin. Des professeurs ou des régents de l'Université, des chanoines de la collégiale ne demandaient pas mieux que d'ajouter à leurs maigres émoluments ou à leur prébende les petits bénéfices du principalat. Un sujet distingué, ayant les grades requis, quoique simple étudiant à l'Université, était parfois accepté : Pierre Phœnix par exemple. Ne trouvait-on personne à Dole ? On ne s'adressait pas alors au premier venu. Il fallait se prémunir contre les doctrines hérétiques qui cherchaient à s'introduire subrepticement dans la Province, et contre l'ignorance des pédagogues errants.

Le Magistrat, sachant par les conseillers au Parlement et par les professeurs de l'Université quels étaient les maîtres érudits et habiles en fonctions dans les Collèges du Comté, leur

(1) La dénomination de *recteur d'écoles* est à peu près abandonnée à Dole à partir de 1532.

dépêchait l'avocat de la Ville. La promesse d'une lecture à l'Université et la perspective pour plus tard d'un siège au Parlement ne les laissaient pas indifférents. Si l'on consulte la liste des principaux qui se sont succédé à Dole jusqu'en 1583, on n'en trouve qu'un d'étranger à la Franche-Comté, celui de Blaise Contet, de Chalon-sur-Saône. Pierre Bartheault, natif de Port-sur-Saône, mais régent à Dijon, ne fut admis que sur la recommandation de Charles Grandjean, avocat au Parlement, et l'on sait que le Conseil de Ville n'eut pas lieu de s'applaudir de l'exception faite à la règle qu'il s'était posée.

La conduite du Magistrat ne procédait pas uniquement du désir fort louable de ne confier l'éducation de la jeunesse doloise qu'à des hommes connus, de croyance orthodoxe et d'une capacité éprouvée, mais encore d'un autre motif non moins important à ses yeux. Le souvenir du barbare traitement infligé à la Ville par les Français en 1479 se conservait vivace dans le cœur des Dolois, et les guerres de rivalité entre la France et l'Espagne n'étaient pas pour l'éteindre. Bien que Marguerite de Bourgogne, souveraine de la Comté, eût, en 1522, par un traité fréquemment renouvelé dans le cours du siècle, voulu assurer la neutralité de la Province (1), Dole, ville frontière qui avait appris à ses dépens la valeur d'un serment (2), se tenait sur ses gardes. Les étrangers résidant *intra muros* étaient étroitement surveillés ; au moindre acte, à la moindre parole qui pût dénoter de sa part des sympathies pour la France, un individu recevait du Conseil de Ville l'injonction de passer les ponts-levis dans le plus bref délai, faute de quoi, il y était pourvu *etiam manu militari*. Un des régents de Bartheault ayant, à l'instigation de ce dernier, écrit à Paris pour demander un régent, « mandoit à un sien compagnon que lon luy envoyat un bon François (3) ». Le Magistrat eut, grâce à une indiscrétion, connaissance du contenu de la missive ; le régent fut révoqué et jeté hors de la Ville. A la mort de Pierre Humbert, deux candidats briguaient sa succession : Claude Convers, de Conliége, mandé par le Conseil, et un prêtre de Dijon qui était venu s'offrir. Le Conseil n'hésita pas à arrêter

(1) Malgré cette neutralité, la Franche-Comté fut huit fois ravagée, sur divers points, de 1557 à 1587, par des corps français, allemands et même espagnols.

(2) Georges d'Amboise n'avait pu s'emparer de la ville que par la trahison d'un corps de Ferrettois envoyé au secours de Dole par le comte Sigismond.

(3) Arch. mun., cote 1452.

son choix sur le premier, non seulement à cause de son « idonéité et suffisance », mais encore parce qu'il était du pays (1).

Pour être élu, il fallait avoir le grade de maître ès arts ou celui de docteur de l'une des quatre facultés. Le postulant n'était soumis à aucune épreuve professionnelle ainsi que cela se pratiquait dans d'autres villes (2) : la raison en est facile à saisir après ce que nous avons dit plus haut. Il n'y eut d'exception que pour le « sieur d'église de Dijon » dont il vient d'être question ; encore est-ce lui qui sollicita la permission de prêcher à l'église et d'argumenter en public (3).

Jusqu'à l'époque où le Conseil de Ville, pour éviter des procès, traita par acte notarié avec les principaux (1559), l'élection se faisait à la pluralité des voix par le vicomte-mayeur, les échevins et les conseillers réunis. Aussitôt

(1) Délib., 9 septembre 1559.

(2) A Besançon, le Magistrat faisait la *preuve* des *précepteurs* (*Police du collège de l'impériale citée de Besançon*, dans les *Mémoires et Documents inédits*, publiés par l'Académie de Besançon). Il en allait de même à Gray (Ch. Godard, *loc. cit.*). A la fin du XVIe siècle, les chaires étaient au concours au Collège de Digne (J. Arnoux, *Le Collège de Digne*).

(3) Pour le sermon qu'il fit en outre à l'église Notre-Dame, le 5 septembre, jour de la fête de Dole, le Conseil lui alloua deux écus soleil. L'écu soleil valait 31 gros (1 gros = 1/12 de franc) monnaie comtoise en 1562.

après, l'élu jurait sur les Évangiles de « loyalement régir et gouverner » les écoles placées sous sa direction. Le règlement du Collège, tiré du coffre aux archives, était revu et corrigé, puis porté à la connaissance du principal qui s'engageait à le faire observer ponctuellement.

A partir du principalat de Convers, le Conseil, suivant son habitude, dès qu'il s'agissait de délibérer sur une affaire de quelque importance, convoqua les notables qui prirent part aux élections. On dressait ensuite, par devant le tabellion de la Ville, le contrat préparé par les docteurs de l'Université et du Parlement.

Le principal s'engageait avec la Ville pour une période de six années (1), et devait dénoncer le traité un an avant son expiration, au cas où il ne voudrait continuer ses fonctions pendant une nouvelle période. Il promettait de remplir son loyal devoir dans la conduite et direction du Collège, de fournir à ses frais quatre bons et suffisants régents et « ung jeusne homme pour monstrer à escripre aux enfans qui besoing en auroient pour mieulx former leurs lectres ». Lui-même ferait, selon la coutume ancienne, une leçon publique entre cinq

(1) Le traité Contet seul est conclu pour sept ans.

heures et demie du matin et le déjeuner. Les clauses relatives à la concession et à l'entretien des bâtiments nous sont connues; celles qui concernent les émoluments et indemnités seront examinées plus loin.

En même temps qu'il établissait les obligations réciproques du principal et du Magistrat, cet acte réglait fort sagement et minutieusement tout ce qui avait rapport aux devoirs professionnels du chef de l'établissement et de ses régents, à la discipline, à l'emploi du temps et même aux méthodes d'enseignement; on peut dire que rien n'y était oublié. On ne laissait guère au principal d'autre faculté que celle de choisir les livres et même ne pouvait-il en user en toute liberté, car il était tenu de soumettre chaque année une liste à l'approbation du Conseil et de ne prendre parmi les auteurs latins que ceux de la bonne époque.

Les archives municipales nous ont conservé les traités ainsi conclus jusqu'à l'arrivée des Jésuites, à l'exception du premier avec Claude Convers (1). Chose à remarquer et qui prouve avec quel soin et quelle compétence ils furent rédigés : le dernier n'offre avec les autres que des différences insignifiantes. Bien plus, Gollut

(1) Arch. mun., cotes 1454, 1455, 1456 et 1457.

qui avait plaidé auprès du Parlement la cause des Graylois réclamant le droit de surveillance sur leurs écoles en dépit de l'abbé de Corneux, communiqua à ceux-ci les règlements du Collège de Dole. Ils furent en vigueur à Gray, sans notables modifications, de 1583, année où l'on changeait à Dole le régime administratif par suite de l'installation des Jésuites, jusqu'en 1653 (1); ce qui leur donne une durée totale de près d'un siècle.

Tant que vécut le Collège de grammaire, le Magistrat ne cessa de veiller à la rigoureuse observation des traités et à la bonne tenue de l'établissement. Tous les ans, le Conseil de Ville déléguait deux ou trois conseillers, docteurs ès droits ou anciens principaux, chargés de faire au Collège de fréquentes inspections et d'en fournir rapport. Les registres des délibérations renferment de nombreuses mentions à cet égard. Voici en quels termes fut donnée commission à trois conseillers pour l'année 1579 : « Les sieurs docteurs Froissard, Héberlin et Perrot ont été commis avec charge expresse de par ensemble ou deux chascune sepmaine deux fois ou une au moings, aller visiter lad. école et grimaulde pour entendre et

(1) Godard, *loc. cit.*, p. 200 et sq.

sçavoir l'estat et entretien des édiffices, s'informer des vies et meurs des régens et de leurs suffisances, sçavoir si par eulx ou aultrement se font aulcunes foules ou exactions, soit pour faict de reigles ou aultrement; s'ilz lisent aux heures accoustumées et quelx livres ; si les classes sont parfornies de régens, soit en grec, pour enseigner les enffans à escripre, ou aultrement, ainsi que plus amplement est contenu au traicté que lad. Ville a faict et passé avec le sieur principal de lad. escolle, afin d'y estre pourveu promptement. Et à cet effect sera incontinent délivré coppie ausd. sieurs commis dud. traicté (1). »

Les Graylois, fidèles imitateurs des Dolois, avaient établi sur leur école le même contrôle, mais il paraît avoir été moins effectif, puisque plus d'une fois des désordres se produisirent (2).

Les exigences du Magistrat dans le recrutement des principaux et l'étroitesse des règles qui leur étaient imposées, avaient-elles du moins pour compensation des avantages pécu-

(1) Arch. mun., cote 1457. — En tête d'une copie du traité Garnier, copie destinée à l'un des trois conseillers ci-dessus.

(2) Ch. Godard, *loc. cit.* — A Moulins, en 1595, des officiers municipaux visitent le collège deux ou trois fois la semaine (Bouchard, *Histoire du Collège de Moulins*, p. 24).

niaires sérieux ? Hélas ! il faut bien l'avouer, les fonctions de principal étaient plus honorables que lucratives. Honorables, certes : un principal faisait un personnage à Dole ; s'il n'occupait déjà une chaire à l'Université à son avènement, on lui réservait la première vacance à la faculté des arts. Dans les cérémonies publiques, il prenait place à la tête de ses régents parmi les membres de l'Université. Il avait droit aux mêmes immunités que ceux-ci : décharge de toute taxe et de tout service municipal, guet, garde urbaine et logements militaires ; comme eux, il jouissait de la noblesse personnelle.

Quant aux profits matériels, ils étaient assez maigres. En effet, en face de lourdes charges — nourriture et honoraires des régents, entretien des bâtiments, et, avant l'achat de la maison de Cîteaux, paiement du loyer, — il y avait de modiques ressources. C'étaient d'abord les sommes provenant de la rétribution scolaire des externes, de la pension des internes et des punitions pécuniaires infligées aux mauvais élèves. Le monopole de l'enseignement de la grammaire assuré aux écoles municipales garantissait en partie cette première source de revenus (1). Puis venaient les allocations de la

(1) Sans parler des séminaires de religieux, dont le plus cé-

Ville. Jusqu'en 1558, le Conseil n'accorde aucun *gage* à ses principaux. Ceux qui sont étrangers à la localité reçoivent seulement 20 ou 25 francs à leur arrivée à titre d'indemnité de déplacement. En 1558, on vote 25 francs par an au principal Humbert jusqu'à ce qu'il soit pourvu d'une lecture aux arts; en 1566/7, 20 francs à Contet dans les mêmes conditions. En 1556, il est alloué à Bartheault 50 francs par an pendant deux ans pour les gages de son *notable* régent; à Gollut, Sautheret et Garnier, en 1570, 1575 et 1576, la somme annuelle de 80 francs pour leur aider à gager les deux premiers régents.

La fonction de lecteur à l'Université ayant été, pour ainsi dire, inhérente à celle du prin-

lèbre fut le collège St-Jérôme, pour les clercs bénédictins de la congrégation de Cluny, on ne trouve dans les Archives municipales aucune mention d'autre école, sinon de celle que fonda, en 1565, Renobert Bernard, seigneur d'Authume. Par son testament, il réserva une maison qu'il possédait rue du « viez marchef » afin d'y loger un régent et quatre orphelins, et non davantage. Pour leur entretien, il fit don d'une rente de 300 livres prise sur ses biens. Les revenus étant devenus insuffisants, ils servirent, à partir de 1616, à ajouter deux enfants de chœur à la maîtrise de l'église Notre-Dame.

Nous ne citons que pour mémoire l'autorisation donnée par le Conseil de Ville, le 2 avril 1548/9, à un sieur Pierre de Cappy, natif de Paris, de tenir école pendant trois mois.

Même monopole à Besançon, à Gray et à Arbois.

cipalat (1), il convient d'adjoindre à ces revenus les honoraires de professeur. Avant 1571, les régents ès arts ne touchent que 25 francs et 20 francs (2). L'ordonnance du duc d'Albe, du 18 mai 1571 (3), augmente leurs traitements de cinquante francs. Ceux qui professent le droit canon comme Phœnix, la théologie comme Bartheault, le grec comme Sautheret ou les humanités comme Gollut sont mieux traités. Celui-ci devait recevoir annuellement cent cinquante francs, Sautheret cent francs. Nous ignorons quels furent exactement les émoluments attachés aux chaires de théologie et de droit canon ; mais l'ordonnance citée nous apprend que les lecteurs en théologie furent augmentés de deux cents francs (4), et ceux en droit canon de deux cents et cent francs. Empressons-nous d'ajouter que ces augmentations ne furent jamais payées régulièrement.

(1) Nous n'avons constaté sur la liste des professeurs à l'Université (Beaune et d'Arbaumont) que l'absence de deux principaux : Regnault Poinsot qui ne fonctionna que quelques semaines, et Laurent Prynez resté deux ans en charge seulement.

(2) Beaune et d'Arbaumont, *Les Universités de Franche-Comté*, p. CXII, note 2.

(3) *Arch. du Doubs*, Université, cart. 1, cote 2.

(4) Une prébende à l'église collégiale de Dole était de plus attribuée à chacun d'eux. Bartheault ne fut pourvu de la sienne qu'en 1562, n'étant plus principal.

Tout compte fait, le chapitre des recettes compensait tellement peu celui des dépenses, que le Conseil dut, en 1575, procéder à trois élections successives pour donner un successeur à Gollut.

Une situation pécuniairement aussi modeste n'était, du reste, point particulière aux principaux de Dole ; il suffit pour s'en convaincre de feuilleter les nombreux travaux publiés sur les collèges dans ces dernières années (1). Pas plus qu'aujourd'hui, on n'avait l'habitude de faire des ponts d'or à ceux qui se vouent à la pénible mission d'enseigner les enfants.

Riches de science, mais légers d'argent, nos principaux firent plus d'une fois appel à la générosité du Conseil de Ville. En 1541, il fut voté 25 francs à Michel Jannet pour acquitter le loyer de la maison de Cîteaux (2) ; à Jehan

(1) A Arbois, le prin[illegible]al reçoit 100 francs, ou 150 francs si sa gestion est bonne; [illegible]i donne en outre 20 francs pour un régent (Bousson de M[illegible]t, *Annales historiques et chronologiques de la ville d'Arbois*, p. 217 et 257).

A Salins, en 1591, le principal Bonnet a un traitement de 300 livres (J. Tripard, *Notice sur la ville et les communes du canton de Salins*, p. 218).

A Troyes, à la fin du XVIe siècle, le principal n'avait aucun traitement, mais la rétribution scolaire lui appartenait (G. Carré, *loc. cit.*).

A Digne, il est alloué 75 florins au principal en 1546 (J. Arnoux, *loc. cit.*).

(2) Délib., 28 juin 1541.

Mathieu 6 écus soleil pour lui aider à prendre le grade de docteur ès droits (1). Par délibération du 2 octobre 1573, sur sa requête, il fut permis à Gollut en raison de la cherté des vivres de n'entretenir que trois régents ; deux ans auparavant, la Ville lui avait fourni une provision de bois pour le chauffage du Collège.

Plus favorisée que d'autres villes du Comté, ou bien plutôt grâce à sa vigilance constante, Dole, pendant toute la période que nous étudions, eut toujours à la tête de son École de grammaire, Regnault Poinsot et Bartheault exceptés, des sujets à la hauteur de leur tâche. Dans la galerie de leurs portraits, autour de celle de l'historien Gollut, connue de tous les lettrés Franc-Comtois, se groupent quelques figures qui ne manquent pas d'un certain relief.

C'est d'abord, en suivant l'ordre chronologique, Pierre Phœnix, de Lure. Ses aptitudes remarquables le désignèrent au Conseil de Ville, bien qu'il ne fût qu'étudiant à l'Université, pour remplir les fonctions de principal du Collège, en 1514. Pourvu d'une lecture à la faculté des arts, il devint ensuite, au rapport de

(1) Délib., 20 février 1553/4.

Gilbert Cousin qui avait étudié sous lui, professeur en droit canon. Il occupa pendant les dernières années de sa vie un siège de conseiller au Parlement. Sa parole faisait autorité à Dole en matière d'enseignement. Les éditeurs de Gollut (Arbois, Javel, 1846), et après eux Beaune et d'Arbaumont (*loc. cit.*) font dater de l'année 1556 sa nomination de conseiller au Parlement, alors qu'il était mort, ainsi que le prouve un passage du programme d'études soumis par Jehan Mathieu au Conseil en 1553 (1).

Vient ensuite Antoine de Brugnard que ses contemporains avaient surnommé *le Grec*, — c'est le plus souvent ainsi qu'on le trouve désigné dans les registres du Conseil. — Il était déjà en possession d'une chaire à l'Université lorsqu'il prit pour la première fois (1531/2) la charge de principal des écoles. C'est le même personnage que le professeur de droit dénommé Brugnario par Labbey de Billy (2). Beaune et d'Arbaumont l'ont également inscrit parmi les professeurs de philosophie et de belles-lettres. Peut-être, en raison même de son surnom, conviendrait-il de le ranger aussi parmi les professeurs de grec; car, bien qu'une chaire de

(1) Arch. mun., cote 1451. — V. aux pièces justif.

(2) *Histoire de l'Université du comté de Bourgogne.*

langue grecque à l'Université n'ait été fondée qu'en 1570, l'enseignement de cette langue y existait de fait depuis de longues années, témoin Hugues Babel qui l'enseignait vers 1520. De Brugnard ne fut pas seulement un professeur distingué, mais encore un bon administrateur. En 1539, lorsqu'il quitte momentanément la principalité, le Conseil de Ville prend une délibération pour le remercier « des bonnes diligences qu'il a prinse de son temps au gouvernement desd. escolles (1) ». Il passe le reste de sa vie à Dole où il fait partie du Magistrat; et en raison de son savoir et de sa grande expérience, il est consulté au préalable sur toutes les décisions que les officiers municipaux doivent prendre au sujet des écoles.

On lit dans la nouvelle édition de Gollut, aux notes rectificatives (col. 1768) : « Antoine Brognard (2), originaire de Montbéliard, professait le grec à Dole vers l'année 1510. De retour dans sa ville natale, il fut nommé chanoine de l'église collégiale Saint-Maimbœuf. Erasme correspondait avec lui, et l'on trouve dans le volumineux recueil de ses lettres, celle

(1) Délib., 30 décembre 1539.

(2) Brognard ou, d'après d'anciennes cartes, Brugnard est aussi le nom d'un village voisin de Montbéliard.

qu'il lui adressa le 27 octobre 1524 au sujet des tentatives de réforme religieuse faites alors dans cette ville par Guillaume Farel. »

S'il y a, comme le pense Ch. Duvernoy, identité de personne entre de Brugnard et Brognard, ce que nous n'avons pu vérifier, on est obligé d'admettre que la présence d'Antoine de Brugnard à Montbéliard ne fut pas de longue durée et qu'il dut pour revenir à Dole, renoncer à son canonicat (1), à moins toutefois qu'il n'eût été dispensé de la résidence.

Jehan Mathieu, docteur ès droits, était, dit Gollut, natif de Poligny. Il fut pendant son principalat promu à une chaire à la faculté des arts. Son plan d'études, document pédagogique important, dénote chez l'auteur, en même temps qu'un jugement droit et un esprit sain, une intelligence ouverte à tous les progrès de la science de l'éducation. Beaune et d'Arbaumont nous indiquent Jehan Mathieu comme professeur de philosophie à l'Université en 1583 ; mais un article du registre des délibérations du Conseil de Ville (5 janvier 1570/1), nous permet d'affirmer qu'il était mort en 1571, et nous apprend en même temps qu'il avait

(1) L'abolition définitive du culte catholique à Montbéliard n'eut lieu qu'en novembre 1538.

traduit l'ouvrage de Constantin Lascaris, *Carmina aurea Pythagorea*. D'après Chevalier, il aurait eu pour neveu le maître d'écoles de Vercel, Pierre Mathieu, devenu célèbre comme conseiller et historiographe de Henri IV.

Le Comté de Bourgogne prit une part active au mouvement littéraire du XVIe siècle ; il fournit à la Renaissance un contingent respectable de poètes, d'érudits, d'orateurs, de philosophes et d'historiens. C'est parmi ces derniers qu'on peut ranger en bonne place Louis Gollut (1). Né à Pesmes en 1535, il vint de bonne heure faire ses études à l'Université de Dole où il se lia d'amitié avec Claude de la Baume-Montrevel, qui fut placé peu après, malgré son jeune âge, sur le siège archiépiscopal de Besançon. Gollut accompagna le nouvel archevêque dans un voyage qu'il fit à Rome et y séjourna quelques années d'où il passa en Espagne. A son retour en Franche-Comté, il suivit les leçons de droit à l'Université, se fit graduer et recevoir avocat. Élu principal du Collège de grammaire, il fut, grâce à l'intervention active du Magistrat, le premier pourvu de la chaire de « professeur latin en lettres

(1) Nom qu'on trouve aussi écrit Golut et Goulut. Il existe encore à Dole une famille Goulut.

humaines » créée par une ordonnance de 1570. Après avoir quitté la direction du Collège, il continua à plaider au Parlement tout en faisant ses leçons à l'Université. Devenu membre du Magistrat de Dole, il en fut élu vicomte-mayeur en 1591, 1592 et 1595 ; il mourut de la peste à l'âge de soixante ans, au mois d'octobre de cette dernière année. Gollut fut marié deux fois. Sa première femme était fille de Jehan Mathieu, ancien principal du Collège ; la seconde, d'Étienne Vurry, vicomte-mayeur, trésorier particulier de l'Université. Le gendre alla habiter la maison de son beau-père, l'une des plus belles de la Ville (1) ; c'est là qu'il composa ses *Mémoires des Bourgougnons de la Franche-Comté* (2).

Malgré d'assez nombreuses erreurs, cet ouvrage n'en reste pas moins un remarquable travail d'ensemble sur l'histoire de la Franche-Comté. Gollut est le premier qui ait osé remonter aux antiquités séquanaises. Au mérite de la composition se joignent les qualités du style : bonne foi, naïveté, simplicité. A l'apparition des *Mémoires* arrivèrent à l'auteur de tous les points de la Province des félicitations et des

(1) Rue Besançon, n° 7. C'est une des rares maisons qui aient échappé au sac de 1479.

(2) Dole, Ant. Dominique, 1592.

récompenses. Le Magistrat de Dole lui vota une gratification de cent francs.

Il n'y eut pourtant pas unanimité. Gollut avait affirmé dans son ouvrage que les habitants de Besançon, jusque vers la fin du XIIe siècle, avaient été mainmortables et donnait à Dole le titre de capitale du Comté. Les Bisontins s'en irritèrent. La première assertion était pourtant vraie, et, d'autre part, Besançon ne pouvait prétendre au titre de capitale, puisque, ville libre et impériale, elle n'était pas sous la dépendance des Comtes de Bourgogne. Sur la plainte de leur syndic, les gouverneurs de Besançon prohibèrent sous peine d'amende arbitraire la vente du livre de Gollut dans toute l'étendue de leur juridiction. Exaspéré, l'auteur répondit par un pamphlet de la dernière violence : *Apologie ou Deffence des Mémoires de la Franche-Comté de Bourgougne contre cela que la Maison de Ville de Besançon hat décrété* (1). Le style emporté et même grossier de ce libelle contraste tellement avec le ton religieux et modéré des *Mémoires* que quelques-uns l'ont

(1) Une copie de cette pièce (54 pages in-folio) se trouve à la Bibliothèque de Besançon, collection Chifflet.

L'*Apologie* a été publiée par l'Académie de Besançon dans ses mémoires annuels (année 1872, p. 107).

tenu pour apocryphe. Nous nous permettons de ne point partager cet avis. Gollut était loin d'être tout en douceur et en modération ; la passion avait, au contraire, tellement d'empire sur cet homme qu'elle le poussait aux extrémités les plus violentes, ainsi qu'on va en juger.

Sous la cote 1455, on trouve aux archives de l'Hôtel-de-Ville de Dole une requête adressée au Magistrat en 1572 ou 1573 par Didier Grodare, maître ès arts de l'Université de Paris et second régent au Collège de Dole, se plaignant des mauvais traitements du principal. Une première fois, le dimanche 5 décembre, en présence des élèves qui revenaient de vêpres, Gollut assaillit d'injures Grodare et le terrassa ; il se préparait à le frapper lorsque deux régents vinrent au secours de leur collègue. Une seconde fois, le 23 janvier suivant, « après avoir souppé en compaignye, lui donna tel coup de poing sur le visaige qu'il fist sortyr le sang du nez et bouche dud. suppliant » et le jeta par terre « avec grand nombre d'injures atroces et intolérables, indignes de luy et de la personne dud. suppliant ». Le principal s'était-il, « en compaignye », piqué le nez ce soir-là ? Il y aurait alors lieu d'attribuer dans ce dernier attentat une part de responsabilité aux vins de

Galle-Perdrix ou de Jouhe (1) que Gollut mettait en comparaison avec les meilleurs crus de la Bourgogne. Quant à Grodare, loin d'admettre des circonstances atténuantes, il conclut en demandant qu'on lui permît de résilier son contrat avec Gollut et de poursuivre celui-ci devant le bailli de Dole. Nous ne savons quelle suite fut donnée à l'affaire, les registres du Conseil n'en portent aucune trace.

Par ses intempérances de langage, Gollut, qui ne respectait pas même l'administration municipale, s'attira de la part du Magistrat, en 1575, une verte algarade. Pour « les irrévérendz propos desquelx il avoit usé à l'endroit du sieur mayeur (2) », peu s'en fallut qu'il ne fût poursuivi.

Outre ses *Mémoires*, sa *Gymnasii dolani grammatica latina* et son *Apologie*, Gollut a laissé :

Paroles mémorables de quelques grands personnages, entre lesquels sont plusieurs mots joyeux et rustiques. Dole, Dominique, 1589 ; volume rare.

En manuscrit : 1° *Dictionnaire des personnes et des choses nommées dans l'histoire depuis cinq*

(1) Galle-Perdrix, lieudit du territoire de Dole, aujourd'hui, par corruption, Caille-Perdrix ; Jouhe, village à 6 kilom. N. de Dole.

(2) Délib., 28 juin 1575.

cents ans ; 2° *De veterum philosophorum familiis, successionibus et regulis ;* 3° *Syntagmata et institutiones œconomiæ litterariæ, rerumque politicarum et militarium ;* 4° *Commentaires sur Pomponius Méla.*

Ces travaux inédits ne nous sont pas parvenus. On pense qu'ils furent détruits dans l'émeute du 10 juin 1668, où la bibliothèque de son fils, conseiller au Parlement, fut jetée dans la rue et dispersée (1).

Antoine Garnier, fils de Hugues Garnier écuyer, et de Claudine Déchamps, naquit à Gy. Il était depuis quinze ans professeur de grec à l'Université lorsqu'il fut nommé principal du Collège en 1576. Dix ans plus tard, il obtint une charge de conseiller au Parlement. Les talents qu'il montra dans les diverses négociations dont il fut chargé en Flandre et en Suisse lui valurent dans la suite la vice-présidence de cette Cour, poste qu'il conserva jusqu'à sa mort arrivée entre les années 1620 et 1630. Sa famille, originaire de Besançon, subsiste encore.

(1) Pour plus de détails sur Gollut, consulter la notice biographique que lui a consacrée Bousson de Mairet en tête de la nouvelle édition des *Mémoires*. On peut voir aussi l'étude de M. le président Clerc, *Louis Gollut ou l'Histoire en Franche-Comté au* XVIe *siècle* (*Mémoires de l'Académie de Besançon*, année 1872).

On connaît l'existence aventureuse que menaient une foule de maîtres au XVIe siècle. Tourmentés par le besoin de l'inconnu, ces hommes, comme les ménestrels des âges précédents, couraient les grands chemins de l'Europe occidentale colportant grec et latin au plus juste prix. Parmi ces semeurs d'idées, il en fut qui, dans la mêlée religieuse soulevée par les Luther et les Calvin, prirent position contre les antiques croyances. L'éducation ayant la religion pour fondement, on voit quel péril l'hospitalité accordée à ces maîtres nomades pouvait faire courir à la foi catholique dans une province comme la nôtre, aux frontières de laquelle s'étaient implantées les doctrines réformatrices. Ajoutons que si beaucoup d'entre eux étaient aussi lettrés que pauvres, on comptait dans le nombre pas mal d'ignorants, manœuvres besogneux plutôt qu'ouvriers de la pensée, incapables d'inculquer à leurs disciples autre chose qu'un barbare latin n'ayant rien de commun avec la langue de Virgile et de Cicéron.

Pour conjurer ces dangers, les quatre régents choisis par le principal sous sa responsabilité devaient, disent expressément les traités, être « de bonne vye, catholicques, doctes et sçavans ». Ce n'est pas tout, il fallait encore qu'ils fussent « personnaiges de réputation » afin d'augmenter le respect que devaient avoir d'eux les enfants. Il leur était prescrit d'avoir des vêtements convenables et décents, longue robe noire et bonnet carré. En tout et pour tout ils étaient tenus de donner le bon exemple à leurs élèves. Pour maintenir ceux-ci dans la crainte de Dieu et de son Église, les régents les accompagnaient à la messe, aux vêpres, aux processions et aux sermons. Recommandation leur était faite d'éviter la familiarité avec les enfants, de crainte que l'autorité du maître sur le disciple ne pût être diminuée ou même méprisée. Sur les questions de discipline et d'enseignement, les conseils et les préceptes ne leur étaient pas épargnés : nous traiterons plus loin de ces sujets.

Pour premiers ou *notables* régents, on prenait, autant qu'on le pouvait, des maîtres ès arts sortis des Universités de Paris et de Louvain, établissements jouissant tous deux d'un grand renom. Ramus disait dans ses *Advertissements sur la réformation de l'Université de Paris au Roy* : « Le bruit et la renommée de l'Université de Paris court par toute l'Europe où le latin est entendu, de façon qu'on n'estime point celuy avoir esté bien institué aux lettres qui n'a estudié à Paris. Ceste université n'est pas l'université d'une ville seulement, mais de tout le monde universel ; quelle est la discipline de ceste université, telle est la discipline du reste du monde. » A leur défaut, et aussi pour les deux dernières régences, on s'adressait aux Franc-Comtois, moins savants peut-être, mais offrant de meilleures garanties de stabilité.

Il ne nous est guère parvenu que les noms d'une dizaine de ceux qui fonctionnèrent aux Écoles de grammaire de Dole. Gérard Bartheault de Port-sur-Saône, frère du principal du même nom, était premier régent en 1556. Nandoillet de Champlitte, Duval, Pierre Chrestien de Port-sur-Saône, enseignèrent sous le principalat de Bartheault. Jehan Brulard de Champlitte, maître ès arts, fut premier régent de Gollut et lecteur à l'Université ; le parisien Didier Grodare qui fut aussi lecteur, Denis Vaichier prêtre, Jehan Bernard et Guillaume Lefort exercèrent également sous Gollut. Enfin le flamand Jodoc Vaiden de Cuyle, eut la première régence sous le principalat de Garnier. En 1583, il passa préfet des études au Collège des pensionnaires et put, en cette qualité, conserver la lecture aux arts à l'Université qui lui avait été attribuée antérieurement.

Les émoluments des régents se composaient d'un traitement fixe, et, comme nous disons aujourd'hui, d'un éventuel. Nous n'avons que des renseignements incomplets sur la partie fixe de leurs honoraires. Le premier régent de Bartheault recevait cinquante francs annuellement. Un peu plus tard, la Ville donna, avons-nous vu, quatre-vingts francs par an aux principaux, pour leur aider à entretenir les deux premiers régents. Aucune autre indication ne nous est donnée sur ce point (1). Les ressources éventuelles comprenaient en premier lieu la redevance acquittée par les élèves au commencement de la lecture de chaque nouveau livre, ensuite le prix des chandelles qui n'était pas fixé par les règlements, les étrennes dues à la libéralité des parents, et enfin les *règles* ou amendes disciplinaires tarifées à raison d'un

(1) A Gray, en 1593, le premier régent recevait 40 écus, le deuxième 20 et le portier 50 (Ch. GODARD, *loc. cit.*).

A Arbois, la même année, l'unique régent était payé 20 francs (BOUSSON DE MAIRET, *loc. cit.*).

A Salins, en 1591, les régents au nombre de quatre avaient un traitement variant de 60 à 150 livres (J. TRIPARD, *loc. cit.*, p. 218).

A Moulins, en 1595, on donnait au premier régent 40 écus sol, aux deuxième et troisième 30, et au quatrième 20 (BOUCHARD, *loc. cit.*).

A Verneuil, en 1599, le premier régent avait 50 écus sol par an (*Le Collège de Verneuil, op. cit.*).

blanc par quinzaine lorsqu'elles étaient infligées par les régents. Le principal était tenu de veiller à ce que, de ce chef, il ne se commît pas d'exactions.

De même que pour le principal, toutes fois qu'un premier régent était nouvellement installé, le Magistrat, dans le but d'améliorer sa situation pécuniaire, faisait auprès des distributeurs de l'Université des démarches afin de lui obtenir une lecture aux arts. Les registres municipaux contiennent maintes délibérations relatives à cet objet. Mais si le régent quittait son emploi au Collège, il perdait *ipso facto* sa lecture. Nous avons donné ailleurs le taux des *gaiges* d'un lecteur à la Faculté des arts.

A diverses époques et notamment en 1545 et 1554, le Conseil de Ville adressa des requêtes au Souverain à l'effet d'obtenir que les lectures d'arts de l'Université, qui se faisaient au moins en partie au Collège de grammaire, fussent toutes quatre attribuées par les distributeurs aux maîtres de cet établissement, de préférence à de simples étudiants, ainsi qu'il arrivait parfois. Le vœu de la municipalité ne paraît pas avoir jamais été complètement exaucé.

Le jeune homme chargé d'enseigner les petits enfants était ordinairement un pauvre diable venu à Dole pour achever ses études à l'Université. Le principal lui donnait le vivre, le couvert et un petit traitement. De 1583 à 1590, sous les principaux-économes, il cumula les fonctions de maître primaire avec celle de portier (1). Auparavant celui-ci n'était qu'un simple valet et non, comme dans certaines écoles au XVe siècle, à Troyes notamment, un fonctionnaire semblable à nos censeurs de lycées. En 1588, sur les doléances de l'économe de Soye, la Ville accorda dix francs, à prendre sur le revenu de l'hôpital, à Guillaume de Montgenet, portier enseignant les abécédaires.

(1) Il en était de même à Gray en 1593 (Ch. GODARD, *loc. cit.*)

IV

LES ÉCOLIERS. — L'EMPLOI DU TEMPS. LA DISCIPLINE. — LA NOURRITURE. L'HYGIÈNE ET LA PROPRETÉ.

Les anciens collèges n'étaient pas soumis à l'unité de direction et d'administration de nos établissements actuels d'instruction secondaire. Les élèves s'y divisaient en plusieurs catégories qui ne relevaient pas toutes du principal au même titre. Celui-ci n'avait sur certaines classes d'élèves qu'un droit de surveillance; s'il exerçait sur d'autres à peu près tous les droits de l'autorité paternelle, son pouvoir était, en fait, limité par l'autorité des régents qui recevaient directement de leurs élèves la redevance pour la lecture des nouveaux livres, le prix des chandelles, le produit des amendes disciplinaires qu'ils avaient infligées, et même dans certains établissements la rétribution scolaire (1).

A Dole on ne comptait pas moins de cinq catégories d'élèves.

La plus nombreuse était celle des *oppidains*

(1) V. J. Quicherat, *Histoire de Sainte-Barbe*. Paris, Hachette, 1860.

ou externes qui devaient verser mensuellement entre les mains du principal la somme de six blancs ; toutefois les petits enfants venant en classe sous la conduite de pédagogues et qui n'étaient pas encore « capables pour ouyr lectures » payaient « quatre niquetz tant seullement (1) ». Moyennant cette taxe, l'entrée du Collège leur était permise à toute heure du jour, soit pour assister aux lectures, soit pour y conférer de leurs études avec les maîtres. Il était rigoureusement interdit au principal d'exiger davantage, et Gollut qui voulut percevoir deux gros par tête en 1575 n'attendit pas longtemps un rappel au respect des règlements.

Un certain nombre d'écoliers étaient internés dans des pédagogies établies autour de l'École (2). Lorsque le désordre, l'anarchie et l'ignorance s'abattirent sur le Collège avec le principal Bartheault, les pédagogues tenant

(1) Arch. mun., cotes 1454, 1455, 1456, 1457.

L'unité des monnaies en Franche-Comté était le franc qui valait 13 sols 4 deniers de France ; le franc se divisait en 12 gros, le gros en 4 blancs et le blanc en 3 engrognes ; comme subdivisions du franc il y avait aussi le sol (1/20 de franc), le denier (1/12 de sol), le niquet (1/16 de denier).

(2) Cet usage fut repris à Dole en 1764, après l'expulsion des Jésuites. Il est encore pratiqué aujourd'hui en Angleterre, en Allemagne et en Suisse.

enfants chez eux crurent pouvoir se dispenser d'envoyer leurs pensionnaires aux cours; mais ils avaient compté sans le Conseil de Ville qui, pour empêcher une ruine complète de l'établissement, leur enjoignit d'avoir à y conduire leurs élèves tous les jours et à toutes les leçons, et de les faire inscrire sur les registres matricules de l'École sous peine d'être mis hors la Ville (1).

Venaient ensuite les pensionnaires qu'on appelait aussi écoliers domestiques. Logés et nourris par le principal, ils ne sortaient du Collège pendant le cours de l'année scolaire, que pour aller en promenade ou pour assister aux offices religieux sous la conduite des régents. Parmi les rares choses que le Conseil n'ait pas réglementées dans ses traités avec les principaux se trouvent le prix de la pension et la nourriture. Il est dit seulement qu'elle demeurera à la discrétion et volonté du principal « attendu qu'il a promis aud. Conseil d'en user honnestement et modestement et selon les saisons et occurances du temps, et ou que aultrement seroit faict et que led. Conseil en eust doléance, il y pourra pourveoir (2) ». Sous le régime hybride qui subsista de 1583 à 1590,

(1) Délib., 12 janvier et 30 mars 1556/7, 16 décembre 1557.
(2) Arch. mun., cotes 1454, 1455, 1456, 1457.

il fut établi deux pensions, l'une au taux annuel de cent dix francs, l'autre à quatre-vingt-dix francs (1) et le Conseil arrêta la composition des repas. Sur la copie du traité Jacquot (19 juin 1584) qui figure aux Archives de Dole sous la cote 1459, est ajouté en appendice après la signature du notaire :

« C'EST L'ORDRE ET ARRÉGLEMENT DONNÉ AUD. Sr PRINCIPAL SUR LE TRAITTEMENT DES ESCHOLIERS PENSIONNAIRES DU COLLÉGE DE DOLE.

» Ceulx de la première table qu'est de cent dix frans, aux desjeuné et marendé (goûter), chascun jour, ung verre de vin modérément trempé d'eaue avec la pourtion de pain ; aux bons jours, quelques fricassées ou patez au desjeuné, selon la libéralité du principal.

» Aux jours de chair, tant au disné comme au souppé, par platz où ilz sont quatre, une livre et demye de chair de veau ou mouton pour les deux tiers, et le reste de bœuf boully.

» Les dimanches, mardy et jeudy, à soir, du rosti veau ou mouton ou tous deux. Les dimanches et le jeudy et festes de Nostre Dame et des Apostres, à l'entrée de table, aux disné et

(1) 50 écus et 42 écus à partir de 1585, l'écu étant compté à 3 francs (Délib. du 8 novembre 1585).

souppé, hachy ou fricassée ; pour la deserte, ung peu de fromage ou quelques fruictz selon le temps.

» Les vendredy et sambedy, œufs ou poisson selon la saison, ou tous deux. Et quant on ne baillera poisson, huict œufs à chaque plat pour quatre ; quant il y aura poisson, moytié l'ung, moytié l'aultre, quatre œufs pour quatre qui sont le plat.

» Un pot de vin tempéré de trois chauvaux d'eaue mesure de Dole.

» Ceulx de la seconde table qui est de quatre vingt dix francs merende comme les aultres.

» L'entrée de table et desserte le dimanche, festes de Nostre Dame et des Apostres.

» Aux jours de chair, pour quatre qui sont le plat, une livre quatre unces par repas, à moytié bœuf ; le rosty trois fois la sepmaine comme dict est.

» Aux jours maigres, comme dessus et à l'équipolant.

» Aux jours de festes solennelles, à toutes tables, entrée double et desserte simple, et selon que s'extendra la libéralité du principal : pain blanc, volatille, et quelque meilleure desserte, comme quelque peult de tartre (tarte) ou aultre chose semblable ; au déjeusné aussy quelques pastez.

» Le pain de bon froment et de mesme bonté tant pour l'une des tables que pour l'aultre. »

On remarquera dans cette nomenclature l'absence de légumes. Or si l'on consulte les ouvrages du XVIe siècle qui traitent de cuisine, on verra combien dans les repas les légumes tenaient peu de place. Le menu du festin offert à Catherine de Médicis, en 1549, par la ville de Paris, ne comprenait pas moins de vingt-cinq variétés d'animaux de poil et de plume, et seulement trois ou quatre espèces de légumes admis comme par grâce à la queue de cet important défilé. L'ambassadeur vénitien, Jérôme Lippomano, venu à Paris en 1557, nous apprend que les Français ne mangeaient que peu de pain et de fruit ; mais qu'ils chargeaient leurs tables de viandes. On peut citer de la même époque un dîner maigre servi à la reine Élisabeth d'Autriche et composé de vingt-cinq variétés de poissons sans légumes (1).

Les pensionnaires n'étaient pas les seuls hôtes de la maison. Les familles habitant en

(1) Détails extraits de l'ouvrage de M. Alfred FRANKLIN : *La vie privée de nos pères (Les repas)*. Paris, Plon et Nourrit, 1889.

dehors des centres scolaires qui avaient le désir de donner à leurs fils une éducation relevée, mais dont la fortune trop modeste ne leur permettait pas la dépense d'une pension complète, fournissaient elles-mêmes au principal ce qui était nécessaire à la subsistance de leurs enfants. Au Collège, on donnait à ceux-ci l'eau, le feu, le logement et le potage (1), et on cuisait leurs aliments ; s'ils apportaient leur literie, ils ne payaient que cinq francs par an, sinon, c'était six francs. Ces prix furent portés à six francs et huit francs lorsque de Soye fut placé à la tête du Collège des pensionnaires (1585). Les élèves de cette catégorie, appelés *potagistes*, se recrutaient surtout dans la population des campagnes ; et il est bien possible qu'ils aient été parfois plus nombreux que les pensionnaires ordinaires, étant donnée la fréquence des années infertiles.

A côté des potagistes, il y avait les *caméristes*, jeunes gens de familles riches confiés aux soins de répétiteurs ou pédagogues. Ils avaient leurs chambres où ils couchaient et travaillaient hors du temps des leçons auxquelles

(1) On entendait alors proprement par *potage* ce qu'on met dans le pot, surtout les légumes, pois, poireaux, etc. Le potage pésignait aussi les légumes servant à la préparation d'un plat.'

ils assistaient avec les autres élèves ; la nourriture leur était envoyée par un hôtelier. On exigeait d'eux comme des potagistes six francs si l'établissement fournissait le couchage, et cinq francs dans le cas contraire. Souvent plusieurs se réunissaient sous le même précepteur, de sorte que chaque groupe de caméristes formait dans le Collège même une véritable pédagogie sur laquelle l'administration n'avait pas grande action.

Les caméristes ne furent jamais en grand nombre à Dole ; il n'en est même pas question dans les contrats antérieurs à l'économat de Bricon. Pour avoir quelques détails sur eux, nous sommes obligés de recourir aux registres des délibérations. Le Père Edmond Auger, chargé par le général des Jésuites de traiter avec la Ville de l'établissement à Dole d'un collège de la Compagnie (1), émit l'avis dans une assemblée des notables réunie pour poser les bases d'une convention, que « pour le bien et perfection dud. Collège seroit le meilleur en exclure les potagistes et les caméristes, y délaissant seulement les pensionnaires, à l'effect de non seulement comprendre les sciences et

(1) V. *Le Collège de l'Arc.*

les bonnes lectres, mais aussi les bonnes mœurs (1) ». L'avis, bien qu'il ne prévalût pas, était sage ; avec ces deux classes d'écoliers l'autorité supérieure pouvait difficilement imposer une discipline exacte et des mœurs sévères. Les caméristes surtout se trouvaient visés par le Père : ces Messieurs sortaient en ville, et bien qu'ils fussent accompagnés de leurs pédagogues, ce n'était pas toujours une garantie suffisante contre des frasques possibles ; et chose qu'on ne pouvait plus tolérer, les « chambelières » des hôtelleries apportaient les repas jusque dans les chambres. Dorénavant les économes ne permettraient plus à celles-ci de pénétrer au delà de la loge du portier, lequel distribuerait les vivres à l'heure réglementaire.

Les derniers venus au Collège furent les *boursiers*. Nous avons dit plus haut sous quelles conditions ils y furent reçus, en 1581, en exécution des dispositions testamentaires du président Froissard mort en 1575. C'est pour leur logement que furent construites les deux chambres situées au-dessus de l'entrée, dans l'alignement du bâtiment des classes, ainsi qu'il est prouvé par l'inscription de la table de marbre placée sur la muraille.

(1) Délib., 25 avril 1582.

Nous n'avons aucun document qui nous permette de fixer le chiffre de la population scolaire du Collège à différentes époques : les registres d'immatriculation sont perdus. On sait seulement que pour diverses causes, il subit de grandes fluctuations. Les années de principalat d'Antoine de Brugnard et de Jehan Mathieu paraissent correspondre à l'époque la plus prospère ; on sait que d'autre part Bartheault vida à peu près l'École. Il est vrai que la peste lui vint en aide ; ce fléau faisait de tels ravages en 1556 que le Parlement alla s'établir à Arbois. Lorsque l'épidémie sévissait, ce qui arrivait malheureusement souvent, on suspendait les cours ; les élèves se dispersaient, mais ne revenaient pas toujours. La dureté des temps, la cherté des vivres contribuaient également à diminuer l'effectif. La classe des abécédaires, dédaignée par les Jésuites et seule entièrement restée sous la direction du principal-économe était certainement la plus peuplée ; au rapport de Jacquot on y comptait en 1584, 160 à 180 enfants, chiffre élevé eu égard à celui de la population urbaine.

Veut-on maintenant connaître l'emploi que les écoliers de Dole faisaient de leurs journées ?

Rien n'est plus facile. Il suffit de prendre connaissance de la pièce intitulée : *Leges a convictoribus dolani Collegii observandæ* (1), antérieure à 1550, et de parcourir les contrats en français conclus de 1566 à 1583. Comme la distribution du temps est un peu différente dans ces deux sortes de documents, nous serons obligé, pour être plus clair, de les examiner séparément.

Que tous les pensionnaires, disent les *Leges*, qui veulent faire de grands progrès dans la piété et dans les lettres, sachent que ces règles communes à tous les écoliers leur sont particulièrement recommandées, car ils doivent briller entre tous dans ces deux choses.

Éveillés à cinq heures par les maîtres, les élèves se lèveront, couvriront décemment leurs lits en attendant qu'ils soient faits par les domestiques, et au bout d'un quart d'heure ils feront pendant un autre quart d'heure leur prière devant les images sacrées appendues dans chaque chambre. La prière du matin finie, ils se mettront tous jusqu'à six heures et demie à apprendre et préparer les choses dont ils devront rendre compte en classe ; alors, à un signal donné par le *janitor* (portier), ils réciteront leurs leçons aux maîtres pendant un

(1) Arch. mun., cote 1451.

quart d'heure. Ils iront ensuite déjeuner, et le déjeuner fini se rendront en classe. Depuis la rentrée jusqu'à la Saint-Jean-Baptiste, on dînera à dix heures, le reste de l'année à neuf heures et demie. A midi, séance de trois quarts d'heure consacrée à des interrogations sur les explications données à la lecture du matin. A partir d'une heure et demie en hiver, de deux heures et demie en été, même série d'exercices que le matin après la prière. Dans le cours de l'année, on soupera à l'ordinaire à six heures et quart, les jours de fêtes à six heures. Au dîner comme au souper, on gardera le silence et on écoutera attentivement une lecture pieuse. Tous les élèves assisteront à la bénédiction de la table avant chaque repas et à l'action de grâces avant de sortir du réfectoire. Après les repas, tant le matin que le soir, une demi-heure sera donnée à la récréation ; les jours de fêtes, le principal pourra y ajouter une heure. Pendant le reste du temps, consacré à l'étude, personne ne devra se promener à travers la maison, descendre dans la cour, aller dans la chambre d'un autre élève ou troubler son travail, sortir de la chambre d'étude sans la permission du maître, pas même si c'est un pédagogue ; enfin on ne pourra s'absenter du Collège, ni passer la nuit dehors sans l'autorisation du principal. Le soir, à huit heures et demie, les écoliers, comme le matin, se réuniront pour prier pendant un quart d'heure et ensuite se coucheront sans bruit. A neuf heures, tous seront au lit, en quelque saison que ce soit. Le principal ne permettra qu'exceptionnellement à un élève de veiller plus tard ou de se lever plus tôt que ses camarades.

Toute loi exige une sanction; aussi bien le règlement ajoute-t il : « *Qui vero quippiam horum neglexerint aut alio quovis modo quod non decet fecerint, intelligant se id non impune laturos* (1). » On devine qu'il s'agit ici de l'application de la peine du fouet. Et afin que les indisciplinés soient plus facilement contenus dans le devoir, on leur donnera, *veluti frænum*, comme un frein, la *tessera*.

Qu'était-ce que la *tessera ?* Malgré nos recherches chez les écrivains qui se sont occupés de la pédagogie du XVe et du XVIe siècle, nous n'avons pas trouvé trace du mot. Nous en sommes donc réduit sur ce point à des suppositions. Nous donnons ici la plus vraisemblable.

(1) Que ceux qui auront négligé quelqu'une de ces prescriptions, ou qui de quelque manière que ce soit n'auront pas fait ce qu'il convient, sachent qu'ils ne seront pas impunis.

On n'ignore pas que, d'après le règlement donné par Gerson pour l'École Notre-Dame, les élèves devaient dénoncer les fautes de leurs camarades, sous peine d'être punis comme le coupable. Cette règle paraît avoir existé au moyen-âge dans toutes les écoles. L'institution des *exploratores* ou *observatores*, lorsqu'au XVIe siècle on attacha plus de prix à la liberté et à la dignité individuelles, se modifia, et en France elle devint une sorte de magistrature confiée à de grands élèves qui aidaient les autres dans l'accomplissement de leur tâche (1). C'est alors que dut apparaître la *tessera*. Simple jeton, le maître le donnerait à un écolier qui aurait enfreint le règlement, celui-ci s'en débarrasserait au détriment d'un de ses condisciples coupable à son tour et contraint de l'accepter, et ainsi de suite jusqu'au moment venu de le rendre, où le dernier détenteur serait puni ; il en allait encore ainsi dans certaines écoles d'Alsace il y a quelque quarante ou cinquante ans.

Chaque chambre a sa *tessera* qui est exigée deux fois par jour, après le dîner et après le souper. Pour en rendre la transmission facile, on ajoute au règlement un appendice de vingt-

(1) L. MASSEBIEAU, *Les Colloques scolaires au XVIe siècle*. Paris, Bonhoure, 1878.

quatre articles déterminant avec soin les cas où elle devra être donnée. Recevront la *tessera* ceux qui se tiennent mal à l'église ou pendant la prière ; ceux qui parlent ſrançais ou qui ſont un barbarisme ou un solécisme (exception est ſaite en faveur des élèves de la quatrième classe) ; ceux qui ont leurs vêtements ou leurs livres en désordre et ceux qui se couchent ou s'asseoient sur leurs lits ; ceux qui bavardent aux cabinets, y vont sans nécessité, ou y demeurent sans lumière ; ceux qui restent dans leurs chambres pendant la récréation ou qui vont dans la cuisine, la chambre des domestiques et celle du portier ; ceux qui regardent par les fenêtres d'où ils peuvent être vus par les personnes du dehors ; ceux qui causent dans leurs chambres au moment de l'étude, ou à table et en classe ; ceux qui quittent les rangs en promenade, lorsqu'on se rend aux offices ou qu'on en revient ; ceux qui achètent, vendent ou échangent ; ceux qui jouent de l'argent aux dés ; ceux qui ne prennent pas d'eau bénite à l'entrée de l'église ; ceux qui ne saluent pas le Saint-Sacrement ; ceux qui ne restent pas à leur place à l'église ; ceux qui viennent en retard au réfectoire, à la prière, aux répétitions et à la réclamation de la *tessera ;* ceux qui lancent des pierres, qui jettent de l'eau par les fenêtres; ceux qui poussent des cris désordonnés et excessifs pendant les récréations; ceux qui ne se découvrent pas devant les personnes à qui ils doivent le respect; et enfin ceux qui se couchent après neuf heures.

L'examen des règlements en langue française qui modifient légèrement l'emploi du temps donné par les *Leges* achèvera de rendre la physionomie du Collège de Dole à cette époque déjà lointaine.

Les élèves les plus âgés sont éveillés de la Saint-Remy à Pâques à quatre heures et demie et se lèvent à cinq heures et demie; dans le reste de l'année, réveil et lever ont lieu une demi-heure plus tôt. Aux petits, il est accordé une demi-heure de plus pour le repos, eu égard « à l'imbécilité de leurs eaiges et tendres personnes ». Après s'être peignés et lavés, ils font leur prière et vont assister à la leçon faite par le principal avant le déjeuner. A huit heures, les élèves se rendent en classe sous la conduite du correcteur et les absents sont notés. En été, la classe dure jusqu'à neuf heures; en hiver, jusqu'à neuf heures et demie; la séance se continue par des disputes jusqu'à dix heures. Les mains lavées, les écoliers sont conduits au réfectoire pour le dîner précédé du *Benedicite* et d'une « briefve lecture et saincte qui leur donnera occasion et argument d'en parler honnestement ». A la suite du repas, les grâces. Au sortir du réfectoire sont permises « déambulations parmy les classes et court avec doctes et joyeuses confabulations pendant une demi-heure. » A onze heures, externes et internes répètent leurs leçons aux régents. A une heure, ils entendent la lecture d'arts qui se fait au Collège. A deux heures, goûter ; à trois heures, classe ; de quatre heures et demie à cinq heures, disputes. A cinq heures, oppidains et pensionnaires sont assemblés dans une classe pour faire la prière. Peu après, les internes sont appelés au souper « afin que la trop grande dilation ne soit moleste aux famélicques ». Le principal et les régents dînent au réfectoire en même temps que leurs élèves, afin que par respect pour les maîtres, les enfants se conduisent mieux. Le silence doit régner pendant les repas « s'il n'est rompu ou par doctes colloques latins, narrations ou disputes utiles ». A sept heures, répétitions par chambres ; à huit heures, le couvre-feu sonné, les clefs des portes sont mises entre les mains du principal ; à neuf heures, « qui se vouldra reposer pourra s'aller coucher. »

Voilà certes des journées bien remplies! Nos modernes collégiens ne se plaindront assurément pas d'être nés trois cents ans plus tard. Outre qu'ils sont loin aujourd'hui de donner la même somme de travail, un mauvais plaisant n'avait pas alors inventé, *ad usum delphini*, le mot qui a fait fortune depuis, le *surmenage intellectuel*. Ce *surmenage* nous fait, par parenthèse, à nous professeurs, l'effet de cette planète intramercurielle dénommée Vulcain, mais sur laquelle aucun astronome n'a encore réussi à braquer un objectif (1).

Les règlements en français ne se contentent pas de fixer l'emploi du temps, l'ordre et la forme des lectures, ils donnent aux maîtres des indications sur la direction morale des élèves. On prendra soin, est-il dit, que les enfants ne soient corrompus par de mauvais exemples et que leurs entretiens ne soient entachés de blasphèmes. Dans l'École, devront être aussi défendues « les confabulations vilaines afin que les enfans ne s'accoustument à icelles et ne perdent temps ». Sous l'influence des Jésuites, les femmes seront plus tard bannies du Collège des

(1) Empressons-nous d'ajouter que, pour nous, le *surmenage* n'a rien de commun avec le problème de l'éducation physique ; la question est autre.

pensionnaires, pour éviter « tout scandale et soubçon et aultres desbauches qui pourroient réussir »; le service sera entièrement fait par des domestiques hommes. La femme de l'économe Bricon ne pourra même pas pénétrer au Collège.

Les mœurs moins barbares tempèrent la rudesse de la discipline. Il est recommandé aux régents d'user à l'égard des écoliers d'une douceur relative, de se montrer réservés dans l'usage des punitions, de préférer les exhortations aux châtiments. « Que l'ire ne les surmontera pour legière occasion afin d'estre trop rudes ausd. enfans. Que le chastoy et verges soient seulement préparez aux maulvais et trop négligens, veu que par honte, remonstrances, admonitions et libéralité, la jeunesse est plustôt retenue en debvoir d'office (1). » On retrouve les mêmes conseils de modération dans les règlements de Besançon et de Gray, ce qui prouve qu'il a été tenu compte des protestations des humanistes contre les « cris, et d'enfans sup-

(1) Au XIVe siècle, Gerson disait déjà : « Ne pueri cædantur verberibus ; minime iracundus sit præceptor. » (Cité par M. G. COMPAYRÉ, *Histoire critique des doctrines de l'éducation*, p. 58, note 3.)

« On obtiendra plus de bons résultats par l'espoir de l'honneur et des récompenses et par la crainte du déshonneur que par les coups », ajoutera plus tard le *Ratio studiorum* des Jésuites (V. COMPAYRÉ, *loc. cit.*, p. 174).

pliciez et de maistres enivrez en leur cholère ».

Le mode de répression paraît, fouet à part, n'être plus le même que sous le régime du règlement latin.

Au lieu de la *tessera*, nous avons les *règles*. Nous ne savons sur ces règles que ce que nous en disent les règlements : « Les reigles se payeront selon que du passé, assavoir de celle du régent ung blanc par quinzaine et celle du principal selon la coustume, que servira seulement à chastier les délinquans. » Il y avait au Collège un « pourteur de reigles » qui conduisait les élèves en classe.

On peut lire aux chapitres IX et X de l'*Histoire de Sainte-Barbe* de M. Quicherat le tableau d'un collège vers l'an 1500 ; on y verra combien la discipline laissait à désirer : les rixes entre élèves, les mutineries contre l'autorité étaient alors choses fréquentes. Nous ne pouvons affirmer que les écoliers de Dole aient été moins batailleurs ou plus dociles, mais dans tout le cours du XVIe siècle nous ne relevons qu'une intervention du Magistrat au Collège pour faits graves concernant la discipline (1). Et pour-

(1) Au mois de mars 1542/3, sous le principalat de Michel Jannet, les élèves ne se proposaient rien moins que de battre les régents.

tant l'administration municipale n'était pas tendre à leur endroit ; s'ils avaient parlé français dans les rues, on en délibérait au Conseil et le principal était invité à y porter remède, au besoin par l'emploi d'arguments péremptoires.

« La propreté qui est parvenue chez nous à un tel raffinement, dit M. Quicherat, était une vertu naissante au XVe siècle. Elle fut introduite dans le régime des écoles plutôt comme un principe louable que comme une pratique rigoureuse. » C'est pourtant à ce dernier titre que nous voyons la propreté en même temps que l'hygiène inscrite dans les règlements élaborés par le Conseil de Ville de Dole. Il ne suffisait pas que l'écolier fît chaque matin sa toilette, il fallait encore qu'en entrant au réfectoire il eût les mains lavées et nettes. Les chambres devaient être nettoyées et balayées chaque jour, les classes et la cour une fois la semaine (1). On ne fait pas mieux aujourd'hui. Il était aussi recommandé aux principaux de coucher les élèves nettement et décemment et de n'en pas admettre plus de deux dans un même lit (2).

(1) La vigilance du Magistrat s'étendait jusqu'aux fosses d'aisances qui devaient être curées fréquemment afin d'éviter « la puanteur qui engendre maladies ».

(2) Cette dernière prescription se retrouve dans le traité conclu en 1595 entre Clément Picquart, maître ès arts, et les officiers municipaux de Moulins (BOUCHARD, *loc. cit.*, p. 224).

Pendant longtemps les classes s'ouvrirent à la Saint-Remy (1er octobre). En 1576, on voit le Conseil fixer la rentrée à la Saint-Luc (18 octobre). Il paraît, d'après les registres municipaux, en avoir été de même jusqu'à la fin. La sortie avait lieu vers les premiers jours de septembre.

V

L'ENSEIGNEMENT

A la fin du XVe siècle, la scholastique règne encore en maîtresse dans les écoles, malgré les essais de rénovation tentés dans le cours du siècle par d'illustres professeurs, tels que ceux dont nous avons donné les noms au début de ce travail. La rhétorique est négligée, les grammairiens méprisés; l'unique procédé pédagogique réside dans la dispute et l'argumentation.

Peu à peu cependant, grammairiens et rhétoriciens gagnent du terrain; et en même temps, livré au ridicule par les écrits caustiques des Vivès (1), des Érasme et des Ramus, assailli de toutes parts par les humanistes, le vieil appareil scolaire ne tarde pas à s'écrouler. L'enseignement de la logique cesse dès lors d'être la base de l'éducation. « Et que mettra-

(1) Jean-Louis Vivès, né à Valence (Espagne) en 1492; fut successivement professeur d'humanités à Louvain, membre du Collège *Corpus Christi* d'Oxford, précepteur de la princesse Marie, fille d'Henri VIII; mourut à Bruges en 1540.

t-on à la place ? On insistera davantage sur ces études de grammaire dont le moyen-âge s'occupait si peu ; cette première instruction littéraire, qu'on puisait je ne sais où, avant d'entrer dans l'Université, et dont on semblait faire si peu de cas, va devenir le fondement et presque le but unique de l'enseignement. Comprendre et parler les langues anciennes dans toute leur pureté, et, pour y arriver, lire les plus célèbres écrivains des deux littératures classiques ; puis quand on les a lus et compris, essayer de les imiter, de reproduire non seulement leurs idées, mais leur langage, voilà désormais la grande affaire des écoles et le premier souci de tous les gens distingués (1). »

Vers 1538, Ramus enseigne d'après les nouvelles méthodes au Collège de l'*Ave Maria* à Paris ; à la même époque, Jean Sturm, disciple d'Agricola (2), applique la réforme au Gymnase de Strasbourg qui venait d'être fondé. L'Université de Paris se fait prier, il faut la fondation du Collège de France pour la faire rompre avec

(1) Gaston Boissier, *La réforme des études au XVIe siècle* (*Revue des Deux-Mondes* du 1er décembre 1882).

(2) Jean Sturm (1507-1589), né à Schleiden près de Cologne, restaurateur de l'éloquence et des belles-lettres en Allemagne, un des plus ardents promoteurs de la réforme luthérienne, mort à Norheim (Strasbourg).

la routine. La faveur que rencontre la réforme des études s'accroît rapidement, et au milieu du XVIe siècle le nouvel enseignement a, dans tous les centres d'étude de quelque importance, pris possession des chaires.

Certains ont attribué aux Jésuites, d'autres aux Protestants, l'honneur d'avoir assuré la victoire des doctrines nouvelles. Ces deux points de vue sont également faux. « La pédagogie des Jésuites n'a pas plus d'existence historique que la pédagogie réformée. L'une et l'autre ne sont que des applications concrètes d'une conception pédagogique commune à tous les pays de la Renaissance, et qui est connue sous le nom d'humanisme (1). »

L'autonomie administrative des collèges facilita singulièrement la diffusion des formules humanistes ; mais cette indépendance même fut cause que tous ne marchèrent pas d'un pas égal dans la voie du progrès. A quel degré les méthodes réformatrices furent-elles appliquées et quel fut leur processus dans les collèges de notre Province et à l'École de Dole en particulier, avant l'arrivée des disciples de Loyola ? Telle est la question qui se pose ici naturel-

(1) FRANCK d'ARVERT, *La pédagogie de la Renaissance* (*Revue internationale de l'Enseignement*, janvier 1889).

lement et à laquelle nous allons essayer de répondre.

Antérieurement à 1553, nous ne possédons aucun document qui traite de l'enseignement proprement dit; le règlement pour les pensionnaires de Dole analysé plus haut est indubitablement de date plus ancienne, mais ne s'occupe que de la police de l'établissement et de l'emploi du temps.

En cette année 1553, le principal Jehan Mathieu, sur invitation, rédige pour le Magistrat le programme d'études tel qu'il l'applique depuis 1551 dans l'école qu'il dirige. Cette pièce en latin nous a été conservée; elle porte pour titre : *Quibus quorumque autorum libris, quo temporum ac rerum ordine, et qua exercendi ratione instruatur juventus Gymnasii grammaticorum apud Dolanos in classes distributa, Joanne Matthæo moderatore* (1). Ecrit dans une langue claire, sobre et non dépourvue d'élégance, ce plan d'études est un véritable petit traité de pédagogie. L'auteur, à qui les méthodes nouvelles sont familières, a soin d'expliquer pourquoi il fait choix de tel ou tel livre, pourquoi il s'est arrêté à telle façon d'enseigner, et souvent, en homme qui a pratiqué les humanistes réformateurs, il

(1) Arch. mun., cote 1451. — V. aux pièces justificatives.

appuie sa justification de noms qui font autorité. Ces quatre ou cinq pages de Jehan Mathieu sont, selon l'expression à la mode, éminemment suggestives ; elles nous en apprennent plus sur la matière que maint volume (1).

Les écoliers du Collège de Dole, nous dit Jehan Mathieu, lisent et étudient la grammaire de Jean Rivius, et celle-là seule, afin que les élèves ne soient pas accablés par la variété des règles et des auteurs plutôt qu'instruits.

Il peut paraître étrange aux maîtres actuels de la jeunesse, qu'on ait à une certaine époque mis plusieurs ouvrages de grammaire entre les mains des enfants. Il en était pourtant ainsi au début de l'application des doctrines humanistes, avant que la nouvelle pédagogie fût fixée dans ses points principaux par les grands réformateurs de la Renaissance. Antoine Ferrier, aspirant au principalat du Collège de Digne, dans une supplique adressée aux consuls de cette ville en 1484, donne la liste des auteurs

(1) Il serait intéressant de comparer ce programme raisonné avec trois écrits du même genre : *Schola aquitanica*, d'André de Gouvéa, principal du Collège de Guyenne ; *De Collegio et Universitate Nemausensi*, de Claude Baduel, recteur du Collège de Nîmes ; *De via ac ratione tradendarum disciplinarum*, du Français Antoine Muret, professeur à l'Université de Rome. Le premier a été rédigé en 1535, le deuxième vers 1540 et le troisième vers 1573.

qu'il se propose de faire expliquer et termine en disant qu'on étudiera un grand nombre de grammairiens, « *multos gramaticos profectò legere poterimus* (1) ».

L'ouvrage de Rivius était très répandu dans les écoles et les universités. Il se recommandait par l'ordre des divisions et des chapitres, la brièveté des règles, la justesse et la clarté des exemples. Ce livre, divisé en huit parties, était à Dole lu et répété plusieurs fois dans les trois classes inférieures. La première division, qui traite des parties du discours et n'est qu'un Donat (2) plus facile sur le même sujet, la seconde qui traite des déclinaisons, et la sixième consacrée à la syntaxe étaient vues dans la petite classe. La troisième partie qui traite des diverses espèces de noms et des noms hétéroclites ; la quatrième, sur les parfaits, les supins, les verbes anomaux et défectifs ; la cinquième, sur l'espèce et la forme des parties du discours, où toutes les règles difficiles de la grammaire sont reprises et examinées avec plus de soin, et

(1) Jules ARNOUX, *loc. cit.*, p. 14.

(2) Ælius DONAT, célèbre grammairien latin du IVe siècle de notre ère. Son ouvrage le plus estimé est l'*Ars grammatica*, qui a servi de base à tous les traités élémentaires de grammaire publiés depuis ; il était si répandu dans les écoles du moyen âge que le nom même de son auteur était donné à un traité élémentaire quelconque.

la sixième étaient lues dans la troisième classe. Dans la seconde classe, où l'on passait insensiblement de l'étude de la grammaire à celle de la rhétorique, on revenait sur la sixième partie, de toutes la plus nécessaire; puis on y ajoutait la septième consacrée à la prosodie, et la huitième qui traite de l'invention des mots et des idées. C'était là la base, le fondement sur lesquels on s'efforçait d'établir pour la première classe les commencements de l'éloquence et de la philosophie : *Hæc basis, hoc fundamentum est, quo jacto eloquentiæ ac philosophiæ initia in primæ classis auditoribus superstruere conamur.* Cette insistance sur le rôle de la grammaire montre assez que les vieux errements étaient abandonnés.

Le matin, de cinq à sept heures, le principal, à l'exemple de ses prédécessseurs, expliquait des auteurs latins, historiens ou orateurs, avec la grammaire, à tous les élèves indistinctement. Érasme, dans son opuscule *De ratione studii*, Jean Vivès, Fabius (1), et en remontant plus haut, Rodolphe Agricola, avaient recommandé l'étude simultanée des grammaires grecque et

(1) Guillaume FABIUS, licencié en médecine, recteur des écoles d'Anvers, puis professeur de grec à Louvain, fut tué dans une émeute d'écoliers en 1590. A laissé : *Epitome syntaxeos linguæ græcæ*, Anvers, 1584 (*Bibliotheca belgica*).

latine. Jehan Mathieu, après avoir pris conseil des savants de la Ville et de l'Université au nombre desquels il cite Phœnix, Horibaldus Héberling (1) et Lulle (2), n'hésite pas à expliquer à ces heures matinales des auteurs grecs du même genre que les auteurs latins, afin, dit-il, que la jeunesse ait, comme dans l'antiquité, le grand avantage d'unir l'étude du grec à celle du latin. Il espère, avec l'aide de Dieu, amener les jeunes gens à apprendre facilement et rapidement la grammaire des deux langues, et à s'exercer en même temps à l'étude de l'histoire, de la rhétorique et même de la philosophie.

A huit heures du matin, dans la quatrième classe, on lit les comédies de Térence, non seulement à cause de l'élégance du style, mais encore de leur facilité; et on les explique en

(1) Docteur ès droit, membre du Conseil de Ville; appartenait probablement à la famille de Jean Héberling, professeur de médecine à l'Université au commencement du siècle.

(2) Antoine LULLE (1515-1582), natif de l'île de Majorque, ami d'Érasme, de Ramus et de Gilbert Cousin, professa la philosophie et la théologie à l'Université. En 1566, il dut, pour se justifier d'une accusation d'hérésie, solliciter de ses collègues une attestation d'orthodoxie. Lulle fut en outre vicaire général et gouverneur de Claude de La Baume, nommé archevêque de Besançon à l'âge de 16 ans (1544). On lui doit : *Progymnasmata rhetorica*. Bâle, 1550-51; *Basilii magni de exercitatione grammatica*. Bâle, 1553; *De oratione libri VII*. Bâle, 1558.

latin et en français afin que les enfants comprennent mieux. Dans la troisième classe, on explique cette partie de l'*Enéide* qui rappelle les guerres d'Enée contre Turnus, car là le poète a emporté tous les suffrages en joignant l'utile à l'agréable,

Omne tulit punctum, qui miscuit utile dulci (1).

Dans la deuxième classe, on interprète les discours de Tite-Live tant à cause de l'histoire romaine qui y est presque tout entière contenue, qu'à cause de la rhétorique. Dans la première, on lit la dialectique de Perionius (2) qui pour les idées est presque tout entière d'Aristote et pour le style de Cicéron.

A onze heures, après le repas, on répète les leçons du matin, et des interrogations sont faites tantôt par les régents, tantôt par les élèves d'une classe à ceux de la classe inférieure.

A trois heures après midi, dans la dernière classe, on interprète les *Bucoliques* de Virgile, en partie à cause de leur réel agrément qui entraîne et charme facilement les enfants, en

(1) Horace, *Art poét.*, v. 343.

(2) *De Dialectica.* Basileæ, 1545 et 1549.

Joachim Périon, né à Cormery (Touraine) en 1499, mort en 1559; docteur en théologie, très versé dans la connaissance des langues anciennes; écrivit trois discours pleins d'invectives contre Ramus qui avait attaqué Aristote.

partie parce qu'Horace a eu raison de dire :

Os tenerum pueri balbumque poeta figurat (1).

Dans la troisième classe, on lit les lettres de Cicéron, afin que les élèves déjà un peu grands aient un modèle à imiter pour écrire des lettres et exprimer plus facilement leur pensée. Dans la deuxième, où les jeunes gens s'exercent à composer des vers latins, on explique la partie de l'*Enéide* où sont racontés les voyages d'Enée. Dans la première, on lit et commente les œuvres philosophiques de Cicéron.

De huit heures du soir à neuf heures, mêmes exercices que le matin à onze heures.

Des ouvrages spéciaux sont également indiqués pour les dimanches et fêtes. Dans la quatrième classe, ce sont les lettres de Cicéron les plus faciles : les explications ont lieu en français. On veut que les enfants encore novices dans l'étude de la langue latine puisent des tournures directement aux sources et qu'ils s'en imprègnent en quelque sorte ; on suit en cela l'avis de Mathurin Cordier et de tous les bons humanistes. Outre l'avantage d'être mieux compris, le maître a celui de pouvoir trouver des rapprochements et des contrastes qui permettent

(1) *Satires*, Livre II, 3e, v. 274.

à l'enfant de mieux pénétrer le génie de la langue. Dans la troisième classe, on interprète le *De Amicitia* de Cicéron, le *De Senectute* ou quelque autre ouvrage moral du même auteur. Dans la seconde, les *Odes* d'Horace : ces petites pièces, par la variété des sujets et du rythme, s'offriront à l'imitation des élèves. Dans la première, les *Epîtres* du même Horace, à cause des préceptes de philosophie morale dont elles sont remplies.

Comment expliquait-on les auteurs ? Vraisemblablement comme dans tous les collèges où avait pénétré la réforme, c'est à dire d'après la méthode d'Érasme (1), celui de tous les humanistes qui contribua le plus à fixer la pédagogie nouvelle. Le maître devait éviter les ambitieux commentaires, ne donner que les explications nécessaires pour l'intelligence du texte ; montrer la suite des idées, faire remarquer les beautés et les particularités de chaque expression, souligner chaque pensée fine et finement exprimée. Enfin il était bon, lorsqu'il se pouvait, de tirer du texte un enseignement moral : Tantale, c'était la cupidité punie ; Oreste et Pylade, la nécessité de l'amitié, etc.

Les devoirs écrits, chose alors toute nou-

(1) *De ratione studii.*

velle, sont pratiqués à Dole. « L'écriture continuelle » doit, estime Ramus (1), compléter le nouveau système pédagogique, de manière à laisser chez l'élève une large part à l'effort personnel. Cette manière de voir est celle d'Érasme et de tous les esprits distingués de l'époque. Les mardis et jeudis à quatre heures après midi, on exerce les enfants de la plus petite classe à écrire des *chries* (2) grammaticales en variant les cas, les genres et les nombres d'après le conseil de Diomède (3) et de grammairiens plus récents, tels que Fabius ; parfois même on leur donne de petits thèmes à translater du français en latin. Les élèves de la troisième classe, les mêmes jours et à la même heure, sont soumis à des exercices analogues, mais d'une difficulté plus grande. Les élèves de la seconde classe, tantôt composent des vers, tantôt retournent en prose quelques pensées en vers. Pour que ces enfants sachent dans quel cercle d'idées ils doi-

(1) *Advertissements.*

(2) Exercices latins analogues à ceux qui sont en usage dans les classes élémentaires des lycées. Ne pas confondre avec les chries littéraires, genre d'exercices qui consistait à développer une même pensée d'autant de manières différentes que l'école admettait de lieux communs.

(3) Grammairien latin, vivait probablement dans le ve siècle de l'ère chrétienne. On a de lui un traité, *De oratione et partibus orationis et vario genere metrorum libri VII*, imprimé pour la première fois à Venise vers 1476 (*Biogr. Didot*).

vent se renfermer, quels tours ils peuvent emprunter, on leur lit un petit traité sur l'invention des mots et des idées. Ceux de la première classe s'adonnent également aux vers latins, rédigent des lettres et traitent des sujets de rhétorique de différents genres.

Enfin chaque semaine, le samedi matin, un thème dont la difficulté est proportionnée à la force et à l'intelligence des élèves, est donné dans toutes les classes pour être remis le lundi suivant.

A ces exercices, on joint les disputes, les dialogues et les représentations de comédies.

Au moyen-âge, les écoliers ne connaissaient pas d'autre exercice que la dispute. « On dispute avant le dîner, écrivait Vivès (1), on dispute pendant le dîner, on dispute après dîner; on dispute en public, en particulier, en tout temps, en tout lieu. » Les humanistes du XVIe siècle s'attaquèrent à l'usage des disputes et avec d'autant plus de raison que les nouvelles méthodes ne comportaient en aucune façon ce genre d'exercices. Les matières les plus simples devenaient thème à ergoter. Sur des mots tels que *scribe mihi*, on posait une question de grammaire, de dialectique, de physique, de méta-

(1) *De causis corruptarum artium.*

physique. On ne laissait pas à l'adversaire le temps de s'expliquer, on criait, on s'injuriait, et la dispute parfois dégénérait en rixe ou même en combat (1). En faisant dans ce qui précède la part de l'exagération, on ne peut méconnaître que l'abus des disputes, outre les violences qui en pouvaient résulter, conduisait à sacrifier la forme au fond et à appliquer à des œuvres littéraires des procédés qui ne conviennent qu'aux productions de la philosophie. « La dispute n'en avait pas moins de grands avantages. On croyait, non sans raison, qu'elle était propre à aiguiser l'esprit, à le rendre prompt et fécond en ressources, à donner de l'aplomb et l'habitude de la parole (2). »

De ce côté, on n'était donc pas allé à Dole jusqu'au bout de la réforme. Du reste, presque partout, l'usage gothique des disputes se continua pendant longtemps encore, mais les procédés en furent atténués. Dans notre École, chaque jour, aussitôt après le souper, les classes disputaient contre les classes, la plus petite contre la troisième, et la seconde contre la première. Le soir du samedi, dans chacune des

(1) D'après Vivès, *De causis*, etc.

(2) Thurot, *De l'organisation de l'Université de Paris au moyen âge*. Paris, Dézobry, 1850.

classes, disputes solennelles : deux élèves affirmaient et soutenaient quelques conclusions, les autres à leur tour se levaient pour les soutenir ou les attaquer (1). De plus, les élèves des deux classes supérieures souvent déclamaient ou disputaient solennellement en public. Tout cela, est-il besoin de le dire, avait lieu en latin.

Cette langue encore saine et vigoureuse pendant les premiers siècles du moyen-âge s'était peu à peu décomposée sous l'influence des idiomes naissants. Au XIIIe siècle, ce n'était plus guère du latin. Le *Grécisme* d'Ébrard paru en 1212, et qui resta en usage dans les écoles de Paris jusqu'à la fin du XVe siècle, nous offre un échantillon remarquable de la prose scholastique. Le langage des écoliers valait encore moins. Mathurin Cordier (2) nous a conservé deux ou trois phrases du jargon usité au Collège de Navarre en 1530 : *Semper gratat se. — Facit*

(1) On appelait *répondant* (*respondens, respondere de quæstione*) celui qui posait les thèses ; *opposant* (*opponens*) celui qui les combattait.

(2) Mathurin CORDIER (1478-1564) professa aux collèges de La Marche et de Navarre à Paris ; ayant embrassé le protestantisme, il alla se fixer à Genève où il retrouva son ancien élève Calvin ; devint directeur du Collège. Parmi ses ouvrages : *De corrupti sermonis emendatione libellus.* Paris, Robert Estienne, 1530 ; *Colloquiorum scholasticorum libri IV, ad pueros in sermone latino paulatim exercendos recogniti.* Lugduni, T. de Straton, 1564.

morguentam suam. — *Vadamus ad promenandum nos* (1). Or au XVIe siècle le latin n'était pas une langue morte, c'était dans le monde civilisé la langue des savants et des lettrés, dépositaire des connaissances humaines. En présence du merveilleux essor pris par l'étude des lettres antiques, il devenait donc nécessaire d'en maintenir l'usage et d'en conserver la pureté.

C'est sous l'empire de cette double nécessité que parurent alors ces manuels de conversation appelés tantôt *Colloques*, tantôt *Dialogues*, où les écoliers devaient trouver des phrases pour exprimer correctement leur pensée dans les circonstances ordinaires de leur existence. M. Buisson, dans son *Répertoire des ouvrages pédagogiques du XVIe siècle* (2), nous donne une liste de vingt-huit noms d'auteurs de tels ouvrages. Nous citerons parmi les principaux : Mosellanus (3) (1517), Érasme (1518), Schot-

(1) Citations extraites des *Colloques scolaires* de L. MASSEBIEAU.

(2) Paris, Imp. Nat., 1886.

(3) MOSELLANUS (Pierre Schade), humaniste allemand, né en 1493 à Bruttig-sur-Moselle, près de Trèves, professeur à Leipzig où il mourut en 1524. Ses Colloques furent publiés en 1527. Nous n'avons aucune indication sur l'édition originale. La plus ancienne que nous connaissions est : *Pædologia Petri Mosellani in puerorum usum conscripta. Dialogi XXXVII.* Antverpiæ, Mich. Hillenius, 1519 (Bibl. de Besançon).

tennius (1) (1524), Vivès (1538) et Mathurin Cordier (1546). Nous verrons plus loin les *Colloques* de Vivès entre les mains des écoliers de Dole.

On ne peut omettre de signaler, comme auteur de colloques, le dolois Jean Morisot. Né au commencement du XVIe siècle, médecin à Dole en 1550, et peut-être professeur à l'Université, il avait, disent ses biographes, des connaissances étendues dans toutes les sciences cultivées de son temps. Son nom ne figure pas au *Répertoire* bien qu'il ait publié plusieurs ouvrages de pédagogie, entre autres : *Colloquiorum libri IV*. Bâle, 1550, in-8°. En écrivant ses *Colloques,* Morisot se proposait de donner, en même temps que des exercices de conversation, des préceptes de conduite pour tous les âges de la vie. Tout en blâmant Érasme d'avoir emprunté la manière piquante de Lucien et de chercher moins l'instruction que l'agrément du lecteur, Morisot n'en a pas moins, comme l'auteur critiqué par lui, glissé dans ses dialogues des his-

(1) Hermannus SCHOTTENNIUS, Hessois, enseigna dans quelques villes de la Hesse et à Cologne, où il composa ses *Colloquia, sive confabulationes tyronum litteratorum, Hermanno Schotennio autore ; ad hæc quotidiani sermonis formulæ communiores adjectæ.* Coloniæ, P. Quentelius, 1526 (2e édition, Bibl. de Besançon).

toriettes peu édifiantes. D'ailleurs il se montre fort pieux et recommande une grande exactitude dans l'accomplissement des devoirs religieux. D'après quelques passages de ses *Colloques*, il paraît résulter qu'à l'époque où il les composait, il expliquait à des heures fixes Démosthène et Cicéron. Etait-ce au Collège de grammaire? Il est permis de le supposer, puisqu'à cette époque l'Université ne possédait pas de chaire de littérature latine. Mais alors, les dialogues débités, ainsi que nous l'apprend Jehan Mathieu, par les élèves de la troisième et de la quatrième classe, pourraient bien être de la composition de Morisot?

Par les dialogues les élèves apprenaient aussi l'action et le débit auxquels on attachait une grande importance. Érasme et Vivès s'en sont occupés, mais en recommandant aux maîtres d'éviter de transformer l'écolier en acteur (1).

Les colloques n'étaient pas les seuls matériaux utilisés par l'enfant pour la conversation. Il puisait aussi dans les lettres de Cicéron et surtout dans les *Comédies* de Térence. L'étude de ces comédies devait faire naître l'idée de les représenter. Aussi, dès les débuts de la Renaissance, les jouait-on un peu partout dans les

(1) L. MASSEBIEAU, *loc. cit.*

collèges, de préférence à celles de Plaute dont le sel aux yeux de beaucoup paraissait trop grossier. Étaient-ce les pièces de Térence que donnaient les écoliers de Dole ? C'est possible ; mais il est non moins possible que dans notre École, comme dans un grand nombre d'autres, on eût à cette époque, sous l'influence de mœurs plus policées, renoncé à la représentation de scènes qui initiaient la jeunesse, envers laquelle il convient d'être respectueux, aux basses et humiliantes réalités de la vie, pour les remplacer par des spectacles plus moraux. Reuchlin (1) et Bebel (2) en Allemagne, Buchanan (3), de Gué-

(1) Jean REUCHLIN (1455-1521), né à Pforzheim ; l'un des plus célèbres humanistes de l'Allemagne ; professa le grec et l'hébreu à Ingolstadt et à Tubingue.

Comediæ duæ ; scena progymnasmata, hoc est ludicra præexercitamenta et Sergius, vel capitis caput. Antverpiæ, Jo. Crinitus, 1544.

(2) Henri BEBEL (1472-1516), né à Justingen en Souabe, étudia à Cracovie et à Tubingen les langues et le droit, composa des poésies et fut couronné comme poète par l'empereur Maximilien. En 1497, il était professeur à Tubingen. On lui doit plusieurs ouvrages sur la littérature et l'éloquence.

(3) Georges BUCHANAN (1506-1582), né à Kilkerne (Écosse), professa la grammaire au Collège de Sainte-Barbe à Paris, puis à Bordeaux et à Coïmbre ; il retourna en Angleterre en 1551, revint à Paris, rentra en Écosse en 1560 et y embrassa le protestantisme. Parmi ses ouvrages : *Jean-Baptiste* et *Jephté*, tragédies latines (1540) et les traductions en latin de la *Médée* et de l'*Alceste* d'Euripide.

rente (1) et Muret (2) en France avaient composé des comédies à l'usage des écoles. « Le sujet était généralement emprunté à la Bible et tournait en moralité : David et Abraham étaient des modèles de foi, Joseph de pureté, la fin d'Holopherne prouvait ce qu'il en coûtait de mépriser les avertissements de Dieu, etc... (3). » C'est dans cet ordre d'idées que Jacques Naudot, qui fut principal aux collèges de Salins, Vesoul, Besançon et Lons-le-Saunier, entre 1575 et 1600, devait composer des tragédies en vers latins restées inédites. Le prologue de l'une d'elles, *Abraham*, commence ainsi :

Nemo levi credat nos velle impendere ludo
Tempora virtuti quæ sunt concessa colendæ
Atque bonis studiis. Spectacula postulat ætas
Utilia et gravia, efformandis moribus apta.

Une autre a pour titre : *De priscorum gigantum diversis moribus et studiis* (4).

(1) Guillaume de Guérente, né en Normandie ; était professeur à Sainte-Barbe en 1534, à Bordeaux en 1535 et à Coïmbre en 1547.

(2) Marc-Antoine Muret (1526-1585), né à Muret (Limousin); professa à Auch, à Bordeaux, à Paris (Collège du cardinal Lemoine); se rendit en Italie en 1554, et en 1563 professa à Rome l'éloquence et la philosophie. A écrit une tragédie, *Jules César*, œuvre de jeunesse.

(3) Franck d'Arvert, *loc. cit.*

(4) Naudot devint principal d'un collège de Paris. On trouve au fonds latin de la Bibl. Nat., sous les nos 7,815, 8,165 et 8,485, trois manuscrits qui renferment un grand nombre de compositions, prose et vers, en latin et en français, faites par lui à l'occasion de fêtes religieuses ou civiles, pendant son sé-

Pour terminer cette question du théâtre au Collège, ajoutons que dans les réjouissances publiques, les élèves parfois représentaient des scènes historiques ; c'était ce que nous appelons aujourd'hui des tableaux vivants. La publication de la paix de Cateau-Cambrésis (3 avril 1559) eut lieu à Dole le 7 mai. A cette occasion, le Conseil décida qu'on allumerait des feux de joie, qu'une procession solennelle serait faite dans la Ville et que les écoliers devraient « démonster sur eschaulfaulx » quand la procession passerait « quelque honneste représentation distoire sans parler (1) ».

Les contrats passés entre les principaux et le Magistrat nous permettent de suivre la marche des études au Collège de Dole jusqu'au moment où les Jésuites viennent y enseigner. Le premier en date est le traité conclu en février 1566/7 et dont les autres ne sont, avons-nous déjà dit, que la reproduction avec quelques détails en plus relatifs à l'enseignement et à la discipline. Les grandes lignes des programmes sont restées les mêmes que sous Jehan Mathieu.

jour en Franche-Comté. Ces manuscrits ont été analysés par M. Ulysse Robert dans les *Mémoires de la Société d'Émulation du Jura* (années 1877 et 1878).

(1) Délib., 6 mai 1559.

Comme par le passé, le principal fera chaque jour une leçon de grand matin. Les deux régents des classes supérieures enseigneront dans la journée les arts libéraux : le premier lira et interprétera la philosophie *oratorie* et la langue grecque en se guidant sur le savoir et l'intelligence de ses auditeurs ; le second la grammaire grecque. On a soin de prescrire l'enseignement *oratorie*, c'est à dire que le maître doit parler d'abondance, et non plus, comme autrefois, dicter les leçons ou même les faire dicter par un élève. Le troisième régent interprétera la grammaire latine et les bons auteurs latins, poètes et prosateurs. Le quatrième expliquera les premiers éléments de grammaire et quelque auteur *de moribus*. Les enfants seront exercés aux règles et préceptes de la grammaire, laquelle devra être facile et méthodique, de façon qu'ils puissent « lire, escripre et parler sans hésitation, meslant le grec avec le latin ». A l'étude de la grammaire on ajoutera la prosodie pour apprendre aux élèves la composition poétique. « La grammaire partout sera practiquée par compositions et versions de langue à aultre afin d'exercer le stil. » Ceux qui possèderont les éléments de grammaire seront mis à la dialectique et à la rhétorique, « en quoy lon observera de même la practique avec la théorie ». Les régents ne pourront lire que des auteurs du temps de Cicéron « ou ung peu devant ou après ». Tout livre commencé devra être achevé avant qu'on passe à un autre, le choix de l'ouvrage étant laissé au principal sous l'approbation du Conseil. Les élèves chaque jour, de une heure à deux heures, doivent assister à la lecture d'arts de l'Université qui se fait au Collège de grammaire.

On dispute après chacune des classes du matin et du soir, une heure en hiver et une demi-heure en été. Les jours de fêtes, matin et soir, les régents, « séparément en leurs classes, feront leçons de choses morales et aulcunes fois disputes et déclamations publicques ».

« Aux jeudis et temps de passer le temps, sera, huict jours avant, esleu du principal ung qui par déclamation impétrera licence de jouer et prendre honeste récréation, à laquelle présidera icelluy qui aura déclamé, pour juger des différendz des aultres et donner pris aux vainqueurs. »

Le principal aura soin que, par les régents, il ne se fasse aucune « nouvelleté » pour les compositions et autres exercices des élèves. Enfin, lui et ses subordonnés « seront vigilans à ce que ausd. escolles chascung également soit attentif et diligent à entendre et concepvoir les leçons et lectures ».

Comment fut rempli — et c'est ici l'important — le cadre permanent tracé par les officiers municipaux de Dole ?

De toutes les listes d'auteurs fournies par les principaux au Magistrat, il ne nous reste que celle qui fut dressée par Louis Gollut pour l'année scolaire 1570-71. Elle est transcrite tout entière au registre des délibérations du Conseil, à la date du 5 janvier 1570/1 (1). Nous la donnons ci-dessous en respectant scrupuleusement l'orthographe :

« LIVRES QUI SERONT LUZ ET INTERPRÉTEZ EN L'ESCOLLE DE GRAMMAIRE CESTE PRÉSENTE ANNÉE 1570.

» En la leçon de cinq heures du matin, le principal interprétera *Histoire* de Justin.

» En la seconde classe, à huict heures du matin se lyra l'oraison *Pro lege Manilia* de Cicéron à laquelle sera joincte la lecture de rhétorique de Rivius.

(1) Cette liste a été imprimée à la suite du travail de M. Clerc sur Gollut (*loc. cit.*), où elle porte à tort la date de 1587 ; de plus, nous y relevons plusieurs grossières fautes de lecture.

» A unze heures avant midy, la *Grammaire grecque* de Clénard (1).

» A trois heures après midy, le second (livre) de l'*Œnéide* de Virgille, auquel on joindra le septième de la *grammaire* de Rivius traictant la prosodie.

» Aux jours fériez, et auxquelz les lectures d'après diné se font à quatre heures, les *Offices* de Cicéron.

» En la troisième classe, se lyront à huict heures du matin le unzième livre des *Epistres familières* de Cicéron, et la répétition de grammaire.

» A unze heures, la *Grammaire grecque* de Clénard.

» A trois heures, l'*Adelphe* de Térence.

» Et aux jours fériez les *Églogues* de Virgille ausquelles pourra estre joincte la prosodie.

» En la quatrième à huict heures se continueront les *Dialogues* de Vivès (2).

(1) Nicolas CLENARDUS (Kleynaerts), philologue belge, né à Diest en 1495, professeur à l'Université de Salamanque, mort à Grenade en 1542. Sa grammaire intitulée : *Institutiones (absolutissimæ) in linguam græcam* eut de nombreuses éditions ; au XVIIIe siècle, elle fut abrégée et traduite en français. La bibliothèque de Besançon en possède 4 éditions en latin et 2 en français.

(2) *Colloquia, sive linguæ latinæ exercitatio.* On ne compte pas moins de vingt éditions de cet ouvrage en latin, et neuf en français. La bibliothèque de Gray possède l'édition de 1538, la plus ancienne, Dole celle de 1539, Besançon celles de 1542

» A unze heures, le premier (livre) de la *Grammaire* de Rivius (1).

» A trois heures, les *Carmes dorés de Pythagoras* (2) de la version de feu M. Mathieu.

» Les jours fériez, le sixième de la *Grammaire* de Rivius qui est de la syntaxe.

» Auxquels auteurs a esté adjousté et mis en apostille sur lad. mémoire :

» Pour la quatrième classe, à huict heures, la grammaire, distiques de Pythagoras (3).

» A unze heures, *De civilitate morum* (4), les *Fables* de Sopet (5), *Cato* (6).

et 1543. Voir dans L. Massebieau, *loc. cit.*, le chapitre consacré à ces *Colloques*.

(1) Chapitre traitant des parties du discours.

(2) *Carmina aurea Pythagorea*, par Constantin LASCARIS.

(3) Ne sont autre chose que les *Carmina aurea*.

(4) *De civilitate morum puerilium libellus*, d'Érasme, ouvrage qui compte au moins dix-sept éditions. On y relève des détails qui paraîtront naïfs, mais qui peignent les mœurs de l'époque. « Il est malséant, dit Érasme, de prendre pour mouchoir son bonnet ou son habit, de se jeter sur les plats, etc... *Si quid in solum dejectum est emuncto duobus digitis naso, pede proterendum est.* »

(5) Sopet, Ésopet, Ysopet, corruptions d'Ésope. Il ne peut être question ici des fables grecques d'Ésope, puisque le grec n'était étudié que dans les deux classes supérieures. Il s'agit d'un de ces recueils comme il y en eut beaucoup au moyen-âge et au XVIe siècle, qui ne se rattachaient souvent à Ésope que par le nom et qui eurent une certaine importance littéraire.

(6) Le *Cato* ou *Catho*, le *Cathonet*, ou plus exactement *Catonis disticha de moribus*, œuvre d'un écrivain du IIIe siècle de l'ère chrétienne que l'on confondait avec Caton l'Ancien, était un recueil de sentences morales qu'on faisait apprendre aux enfants pour les munir d'une provision de mots.

» A trois heures, Vivès. »

On remarquera qu'aucun auteur n'est indiqué pour la première classe. C'est qu'au moment où Gollut composait sa liste, il n'avait encore pu se procurer un régent.

Il ne faut se le dissimuler, le programme de 1570/1 n'a pas la valeur de celui de 1553. Le plan de Jehan Mathieu, c'est l'étude des pures lettres antiques, c'est le culte désintéressé du beau ; celui de Gollut, c'est l'humanisme scolaire des pays catholiques dans la seconde moitié du siècle.

Le goût effréné du paganisme qui régnait dans la société lettrée, la liberté de penser introduite par la Renaissance dans toutes les branches du savoir, mettaient en péril la foi catholique et tendaient à pousser les esprits vers l'hérésie. Il devenait urgent de réagir. Le concile de Trente (1545-1563) organisa la lutte contre les nouvelles doctrines religieuses et plaça la Compagnie de Jésus à l'avant-garde. La religion étant la base de l'éducation, il fallait nécessairement donner à la pédagogie une autre orientation. Il ne pouvait être question de revenir aux méthodes méprisées du moyen-âge : on s'accommoderait de celles qui les avaient remplacées ; mais on les mettrait au service de l'Église. Les auteurs anciens furent expurgés, dans les programmes on en diminua le nombre et on y substitua des ouvrages moraux modernes ou de la décadence latine; enfin l'usage de livres composés par des Réformés fut interdit. La réaction religieuse alla même assez loin dans cette voie, puisque nous voyons le Conseil de Ville de Dole charger Gollut, en 1571, de distraire de la grammaire du luthérien Rivius ce qui serait utile, « pour en dresser une soubz aultre tiltre afin que le nom dud. Rivius fût supprimé (1) ».

L'esprit de l'enseignement resta jusqu'à la fin ce que nous venons de le voir, ainsi qu'en témoigne un article du registre des délibérations de l'année 1578, ayant trait à un ouvrage choisi par le principal pour sa leçon du matin.

Avant de quitter cet important sujet, nous ne pensons point qu'il soit inutile de jeter un

(1) En 1570, le roi Philippe II avait fait imprimer par Plantin la liste des ouvrages mis à l'*index* par le concile de Trente; cette liste fut révisée et complétée peu après par le duc d'Albe qui fit paraître l'année suivante un catalogue de 104 pages intitulé : *Index expurgatorius librorum qui hoc seculo prodierunt* (fort rare). Il fut répandu dans tous les pays soumis à l'Espagne (Beaune et d'Arbaumont, *loc. cit.*, p. LXXI). La prohibition de la grammaire de Rivius est probablement due à son inscription dans l'*Index*, inscription que nous n'avons pu vérifier.

rapide coup d'œil sur l'enseignement donné à la même époque dans d'autres collèges voisins.

Au tome septième des *Mémoires et documents inédits sur la Franche-Comté* publiés par l'*Académie de Besançon* se trouve la *Police du Collége de l'impériale citée de Besançon;* ce règlement porte la date du 24 mai 1567, il est par conséquent postérieur de quatorze ans au plan d'études de Jehan Mathieu, de quelques mois au traité de Blaise Contet et de près de quatre ans antérieur à la liste d'auteurs de Gollut.

L'élection et la preuve des *précepteurs* (régents) appartiennent au Magistrat qui tiendra compte de l'érudition, de la vertu et de la doctrine.

L'enseignement est réparti en quatre classes où l'on enseigne surtout la grammaire parce que l'Université est pourvue de docteurs « pour les sciences plus haultes ».

Dans la quatrième, les enfants apprennent à lire, écrire, décliner et conjuguer, ils expliquent les épîtres les plus faciles de Cicéron.

Dans la troisième, on étudie la syntaxe, on lit les *Eglogues* de Virgile et les *Epîtres* de Cicéron. Pour devoir on donne des thèmes.

Dans la seconde classe, les élèves complètent l'étude de la grammaire, interprètent le *De Ami-*

citia, le *De Senectute*, les *Comédies* de Térence, l'*Enéide* et des textes choisis dans Horace, Catulle et Tibulle.

Dans la première classe, au lieu de la philosophie qui ne peut être utilement enseignée, on étudie la langue grecque ; on apprend la grammaire, on lit les *Fables* d'Esope, les *Olynthiennes* de Démosthène. En latin, on traduit les *Offices* de Cicéron, un discours du même auteur, les *Géorgiques* de Virgile, Salluste en partie, et quelques préceptes de rhétorique sont donnés d'après Cicéron.

De grand matin le principal fera une lecture avec des interrogations. Les jours de fêtes, les régents liront quelques passages de l'Écriture.

Les élèves feront leurs devoirs soit à loisir, soit sur le champ et en classe même. Si un écolier fait un travail volontaire, il sera lu en public. L'exercice des disputes sera pratiqué de classe à classe.

Suivent des conseils pour enseigner, avec des prescriptions limitant la durée des leçons et la longueur des devoirs.

Les articles concernant la discipline ne nous apprennent pas grand'chose : on recommande aux maîtres d'employer les louanges et les récompenses avec les punitions et les corrections, et de ne point battre les enfants à plaisir.

Le règlement se termine en demandant aux régents de garder entre eux « la concorde que les poètes feignent être observée entre les Muses, en Hélycon et au mont Parnasse ». L'exhortation est significative; elle eût, du reste, été à sa place dans la plupart des règlements scolaires de l'époque.

Le programme de 1567 est encore conçu dans ce qu'on pourrait appeler la première manière ; s'il n'a pas l'ampleur de celui de 1553, il n'embrasse pas moins que celui de 1570/1 et a sur ce dernier l'avantage d'une plus grande variété d'ouvrages, tous pris dans la haute latinité.

La comparaison de ces différents documents scolaires nous met à même de déterminer avec quelque précision le moment où sous l'influence des passions déchaînées par les guerres de religion, on fut amené, dans notre Province, à modifier le plan d'éducation libéral et désintéressé des humanistes. Ce moment est évidemment renfermé entre la date de 1567 et celle de 1571. La première correspond au règlement de Besançon ; la deuxième à la liste de Gollut, à l'expurgation de la grammaire de Rivius depuis vingt ans au moins entre les mains des écoliers de Dole, à la profession de foi solennelle du principal et de ses régents, acte imposé par le concile de Trente et qui n'avait pas été accompli par Blaise Contet en 1566 (1).

Nous possédons les règlements de Gray depuis 1583 et nous savons qu'ils sont calqués sur ceux de Dole. En dépouillant les archives des autres villes de l'ancien Comté de Bourgogne, on trouverait peut-être d'intéressantes indications sur l'enseignement du latin dans les petits collèges (2).

Si le Comté de Montbéliard eut pendant longtemps des institutions politiques différentes de celles de la Franche-Comté, ses habitants n'en sont pas moins Comtois par les mœurs, le langage et le tour d'esprit. La seule dissem-

(1) En effet, pour la profession de Gollut, nous avons une délibération du 2 octobre 1571 et un acte notarié du 3 (cote 1455); nous n'avons rien pour Contet, ce qui s'explique facilement lorsqu'on saura que les décrets du Concile ne furent reçus et publiés en Franche-Comté que le 4 octobre 1571 dans un concile provincial assemblé par l'archevêque de Besançon.

(2) M. Ch. Godard, dans son *Ancien Collège de Gray*, p. 83, cite à titre de production scolaire du XVIe siècle *Le cahier d'un écolier d'Arbois* (Bibl. Nat., Mns. lat., n° 8.653 A). Ce manuscrit qui renferme des formules de salutation, des modèles de lettres, des proverbes, un glossaire, des vers latins, ou moitié latins moitié français, est du XIVe et non du XVIe siècle (V. l'étude de M. Ulysse Robert citée plus haut).

blance appréciable réside dans la différence des cultes, la Réforme ayant été introduite dans le pays de Montbéliard par les ducs de Wurtemberg au cours du XVIe siècle. Aussi bien n'est-il pas superflu, pour compléter cette étude, de dire quelques mots sur l'enseignement au Collège de Montbéliard.

Le Bulletin de la *Société d'Émulation de Montbéliard* a publié, en 1857, le règlement donné par le duc Christophe en 1568 pour l'*École latine*. Les études sont distribuées en cinq classes, la dernière n'étant à proprement parler qu'une classe primaire. Outre les auteurs mentionnés par les règlements de Dole et de Besançon : Virgile, Cicéron, Tite-Live, Térence, Ésope, le *Caton*, nous y relevons les *Dialogues* de Sébald Heyden (1), les *Fables* de Camerarius (2), les *Sentences* de Mimus Publicanus, la

(1) Sébaldus HEYDEN, né à Nuremberg en 1488 ou 1498, fit ses études à Wittemberg et obtint en 1520 une place de chantre à Nuremberg. En 1521, il devint recteur à St-Sébald et en 1525 embrassa la doctrine de Luther. Il mourut en 1561. Parmi ses ouvrages : *Pædenomia scholastica*. Nuremberg, Montanus, 1546 ; *Formulæ colloquiorum puerilium*. Francfort, 1534.

(2) Quatre auteurs du XVIe siècle portèrent le nom de Camerarius. L'un d'eux, Cornélius, originaire de Gand, composa une *Nova-vetus rhetorica, ad usum Collegii Bisuntini conscripta*. Vesontione, Jo. Exerterius, 1591. (Bibl. de Besançon).

Les trois autres sont Joachim de Bamberg et ses deux fils Joachim et Philippe, de Nuremberg. Parmi les ouvrages de ces

lettre d'*Isocrate à Démonique* (1), la *Cyropédie* de Xénophon, la *Dialectique* et la *Rhétorique* de Mélanchton (2). Les explications se font en français. Les devoirs ont pour objet des versions, des thèmes ou des *arguments*, exercices analogues aux chries. A noter : chaque jour, il y a exercice de musique, chant du *Veni Creator* et récitation du catéchisme. On représente des pièces de théâtre sur des sujets bibliques.

Le règlement du duc Christophe procède évidemment de la *Kursachsische Schulordnung* de 1528, premier règlement général de l'enseignement qui ait pour auteurs des Réformés, et de la *Schulordnung* de Wittemberg (1533).

L'enseignement de l'École latine de Montbéliard ne diffère en somme pas beaucoup de celui des collèges catholiques de la Province; les méthodes sont les mêmes, c'est l'esprit qui

quatre auteurs dont fassent mention les bibliographes, et antérieurs à 1568, le seul qui puisse être rangé dans les recueils de fables est celui de Joachim le fils, ayant pour titre : *Epigrammata græca et latina veterum poetarum.* Basileæ, officina Hervagiana, 1538.

(1) Ces deux derniers ouvrages sont imprimés à la suite des *distiques* de Caton dans l'édition de Lyon, Gryphius, 1550.

(2) *De rhetorica libri tres.* Coloniæ, Alopecius, 1522 (Bibl. de Montbéliard); *Dialectica.* Haganoæ, 1527. Ces deux traités furent arrangés par demandes et réponses par Georges Major; c'est sous cette forme qu'ils étaient étudiés par les écoliers de Montbéliard.

en est différent. La Réforme « ainsi que l'Église romaine, dit M. Franck d'Arvert (1), cherchait à se perpétuer par l'éducation comme par une génération spirituelle ; pour atteindre ce but, elle a dû, comme ses adversaires, emprunter *aux enfants du siècle* leurs méthodes ».

(1) *Loc. cit.*

VI

DISPARITION DES COLLÈGES DE GRAMMAIRE

La première mention qui soit faite de l'établissement à Dole d'un Collège de la Compagnie de Jésus se trouve dans les registres des délibérations à la date du 28 avril 1579 ; il est décidé qu'une requête sera adressée au Roi pour obtenir permission d'ériger un Collège tenu par les Pères Jésuites ; en tout deux lignes, sans commentaires. Aussi bien avant qu'après, les Archives de la Ville sont muettes sur les motifs qui déterminent le Magistrat à supprimer le Collège de grammaire. L'auteur d'une plaquette intitulée : *Notes historiques sur le Collège tenu par les Pères Jésuites à Dole* (1), a cru pouvoir avancer que si cette école avait été remplacée par une autre, c'était à cause de l'incurie du principal et des régents qui ne remplissaient pas leurs devoirs. Or nous savons par les nom-

(1) Besançon, Outhenin-Chalandre, 1885.

breux articles des registres municipaux à quel point les Conseillers avaient souci du bon fonctionnement de leur Collège. C'est grâce à cette sollicitude toujours en éveil que nous avons pu en suivre l'histoire pendant près d'un siècle, année par année, et étudier son organisation dans ses moindres détails. La gestion désastreuse de Bartheault, à laquelle le Magistrat ne fut pas longtemps à mettre un terme, a un dossier des plus complets, tandis que de 1558 à 1583, si nous trouvons quelques observations de détail touchant l'administration, elles n'impliquent en aucune façon une mauvaise direction des études. Nous pouvons, au contraire, signaler des articles comme les suivants : « Messires Perrot et Héberling, commis à faire visite des escolles, ont rapporté que toutes choses sont bien et dehuement administrez sans aulcune exaction ni concussion. » (Délib., 5 mai 1573). « A esté leu le cathalogue des livres qu'on veult lire, lequel a esté treuvé bon. » (Délib., 11 oct. 1580). L'accusation relevée par nous dans les *Notes historiques*, produite sans être accompagnée d'aucune preuve et sans indication de sources, doit être tenue pour purement gratuite. Elle est probablement née d'une confusion entre les régents de l'Université et ceux du Collège de grammaire. Le Conseil de Ville se plaint, en effet, à plusieurs reprises, de la négligence des professeurs dans l'accomplissement de leur tâche. En 1503, le Magistrat confesse au Président du Parlement que les leçons sont « mal exercées » ; en 1549, il délibère d'assister les distributeurs de l'Université contre les docteurs régents et « ceulx du collège de lad. Université (1) », parce qu'ils « ne font leur debvoir aux lectures des lessons de lad. Université (2) ». En 1578, nouvelles plaintes du Conseil de Ville, et l'année suivante, enquête du Parlement prescrite par l'archiduc don Juan d'Autriche (3). C'était la décadence de l'Université doloise.

La suppression du Collège de grammaire n'est pas due à une cause aussi particulière ; elle est liée au mouvement des esprits vers la fin du siècle, mouvement dont la manifestation la plus caractéristique fut le rapide succès de la Société de Jésus.

(1) Le collège de l'Université se composait du recteur, des professeurs, des régents pensionnés, du procureur général en exercice, de l'ancien recteur, de l'ancien procureur général, des étudiants nobles, des licenciés et bacheliers en théologie, du procureur particulier et du conseiller de chaque faculté, et du notaire de l'Université. (Statuts, ch. LIII).

(2) Délib., 2 juillet 1549.

(3) Beaune et d'Arbaumont, *loc. cit.*, p. 132.

L'Europe, lasse du bruit des guerres et du conflit des idées politiques et religieuses, aspirait à l'ordre et au repos. Les Jésuites apparurent dans la société catholique comme les sauveurs des institutions menacées. Habiles, insinuants, souvent éloquents, ils parvinrent promptement à dominer l'esprit public par la chaire, le confessionnal et le livre. C'est là qu'il faut chercher l'une des causes de leur prodigieuse fortune comme éducateurs, mais non la principale.

« Ce qui donne surtout à l'enseignement jésuitique sa puissance et son relief, dit M. Compayré (1), c'est le principe d'obéissance devenu le mot d'ordre de tous les membres de la Société depuis le plus humble jusqu'au plus éminent. On ne fait de grandes choses dans le monde que par l'accord des volontés. Ce sont les indisciplinés qui agitent l'humanité. Ce sont les disciplinés qui la mènent. Or, jamais le sentiment de la discipline n'a été poussé plus loin que dans la Société de Jésus... Quels prodiges de dévouement n'est-on pas en droit d'attendre d'une Société où des milliers de volontés abdiquent tout mouvement propre pour marcher du même pas au même but, pour avancer, sans rébellion d'amour-propre, sans tâtonne-

(1) *Loc. cit.*, p. 201.

ments stériles, dans une voie invariable! Les machines qu'organise l'industrie n'ont pas plus de régularité, ni par suite plus de puissance, que cette vaste machine humaine, où chaque individu n'est qu'un ressort docile, asservi à sa tâche sans que rien puisse l'en détourner. Le bon ordre, condition essentielle des études; la fixité dans le but et dans les méthodes, sans laquelle on s'égare d'essai en essai, d'expérience en expérience; la discipline enfin, qui empêche tout écart de la part du maître : n'est-il pas évident que tous ces avantages sont réalisés dans les collèges d'une Société qui se soumet à la loi de l'obéissance passive et qui marche comme un régiment? » On comprend facilement que contre une organisation aussi puissante, les Collèges municipaux, isolés, complètement livrés à eux-mêmes, ne pouvaient lutter.

J'ajouterai encore, avec le même auteur, que, « inférieurs à leur tâche sous tant de rapports, les Jésuites, sur un point, n'ont rien eu à envier à personne et se sont quelquefois rapprochés de l'idéal : je veux parler de l'abnégation, du dévouement, de ce zèle professionnel, qui supplée souvent à l'insuffisance des méthodes ». Ces qualités chez des maîtres de la jeunesse étaient pour séduire les administrateurs des villes qui pouvaient, en acceptant leur concours, se dispenser d'une surveillance incessante et parfois pénible.

Enfin les bâtiments vastes et spacieux qui auraient ravi l'auteur de l'*Heptadogma*, substitués aux bicoques où étaient trop souvent logées les Écoles de grammaire, la gratuité complète des leçons (1), l'adjonction aux quatre classes de grammaire et d'humanités de trois ou quatre ans de hautes études, eurent aussi leur part d'influence dans le développement des collèges de Jésuites.

On a souvent mis en avant comme un élément de succès des Pères, la nouveauté des méthodes introduites par eux dans l'enseignement public : l'argument, on le sait, n'a aucune valeur.

L'historien du Collège de Besançon, M. Droz (2), sur le vu de quelques articles des registres municipaux, nous fait une peinture bien sombre des Collèges de Besançon et de Salins dans la seconde moitié du XVIe siècle. Il nous montre « des maîtres sans stabilité, sans liens

(1) La gratuité de l'enseignement ne paraît pas être une innovation due aux Jésuites. A Venise, on lisait au XVIe siècle sur la porte des écoles : *Qui s'insegna grammatica ed umanità senza premio.*

(2) *Histoire du Collège de Besançon.* Besançon, Marion, 1868.

entre eux et parfois d'une doctrine douteuse », la plupart « étrangers, vagabonds et par suite inconnus ». Ce sont pour lui des « sortes d'entrepreneurs, sans respect pour les traités, et dont l'incapacité eût rendu la bonne foi illusoire ». Ils n'ont « nul souci des succès ni de la permanence des études ». Celles-ci fréquemment troublées ou suspendues, sont une cause de clameurs ou de désordres. Il en conclut la pleine décadence de l'enseignement public dans ces deux villes jusqu'à l'arrivée des Jésuites à Besançon et des Oratoriens à Salins (1).

Le tableau est évidemment poussé au noir. L'organisation des collèges municipaux était loin d'être parfaite, on doit le reconnaître; mais il faut en même temps tenir compte des mesures prises par les administrations locales pour parer aux inconvénients inhérents au système. Nous savons quel soin on apportait à Dole au choix des maîtres et à quels sages règlements ils étaient soumis; nous avons vu les magistrats de Besançon faire *la preuve* des régents ; et pour assurer l'unité et la permanence de direction dans les études, n'est-on pas allé, dans cette ville même, jusqu'à imposer aux principaux le programme que nous connaissons?

(1) *Loc. cit*, p. 18 et 48.

Les documents sur lesquels s'appuie M. Droz ne nous semblent nullement suffisants pour servir de base au jugement qu'il porte. Celui qui se bornerait à lire aux Archives de Dole les délibérations du Conseil des années 1566 et 1567 emporterait de sa lecture l'opinion la moins favorable sur le Collège; ce n'est donc pas d'après de courts extraits signalant à un moment donné une situation dont rien n'indique la durée, que l'on peut juger de l'état des études pendant toute une époque dans l'un de nos collèges.

Nous pensons qu'ailleurs comme à Dole, les Écoles de grammaire furent soumises à des alternatives de prospérité et d'affaissement, affaissement dont nous avons fait connaître les causes multiples; et que les villes furent amenées à mettre à leur place des collèges de Jésuites ou d'Oratoriens, non parce que les études y étaient en décadence, mais pour une raison analogue à celle qui porte l'industriel à remplacer une machine-outil par une autre machine-outil plus perfectionnée.

La transformation de l'outillage pédagogique ne se fit que progressivement. Les Jésuites s'établirent à Dole en décembre 1582, à Besançon en 1597, à Vesoul en 1610, à Gray en 1654, à Pontarlier en 1673 ; les Oratoriens à Salins en 1622 et à Poligny en 1654 ; les Dominicains à Quingey en 1669.

De parcils changements ne pouvaient se faire sans grands frais : il était nécessaire d'avoir des bâtiments plus grands et mieux aménagés, il fallait constituer une dotation au nouvel établissement : c'est ce qui explique pourquoi, dans beaucoup de petites villes et de bourgs où les ressources pécuniaires et les libéralités d'en haut étaient insuffisantes pour permettre de satisfaire aux exigences d'un autre ordre de choses, les Collèges de grammaire, tués par une concurrence redoutable, disparurent pour faire place à des écoles plus modestes encore.

APPENDICE

Pierre Phœnix.

« Au présent Conseil, l'on a reçeu maistre Pierre Fénix, estudiant à Dole, recteur des Escoles de grammaire, et jusques aultrement soit ordonné, lequel maistre Pierre a fait le serment et juré aux saincts Evangilles de Dieu de loyalement régir et gouverner en lad. régence. » (Délib., 27 nov. 1514).

Gilbert Cousin dans sa *Description de la Franche-Comté*, disait en 1550 : « ... studii mei fundamenta jeci, sub Petro Phœnice, hodie multo senio, et Jacobo Lestræo, viris eruditionis genere præcellentibus. »

Laurent Pryné ou Privé.

« Au présent Conseil est venu Mre Laurent Pryné, après qu'il a esté mandé en icelluy. Lequel a esté reçeu principal et maistre des Escolles de grammaire en ce lieu de Dole, et pour icelluy a esté accordé et permis que pendant qu'il sera maistre et principal en ce lieu, il sera immune et exempt des subsides de lad. Ville, qu'il aura et joyra de la maison destiné à tenir les escolles appartenant à lad. Ville, que du passé l'on appeloit la maison de Citeaulx, sans aulcungs gaiges pendant qu'il suivra et sera en l'estat de principal desd. escolles. Et pour tantost venir demeurer en ced. lieu, des Salins où il se tient de présent, pour amener son mesnage, ustensilles, meubles, luy a esté promis et accourdé la somme de vingt frans pour ses frais et voiages. Et a promis venir demeurer et rester en ced. lieu devers Quasimodo prouchain, ou plus tôt qu'il soit possible. » (Délib., 19 février 1547/8).

Helléniste distingué, et, d'après Gilbert Cousin, « studiorum amantissimus, qui juventutem bonis moribus imbuit, et optimis artibus diligentissime instituit. »

Laurent Pryné (Cousin écrit Privé) mourut le 12 février 1550/1. Sa mort inspira à Morisot ce chant élégiaque :

Laurenti Privæ jaces, terræ inclyta fama
Lingonicæ, rapuit quem fera Parca Dolæ.
Te Lullus deflet, luget Morisotus, amici
Suspirant alii, discipuli lacrymant.

PIERRE HUMBERT.

« Led. sieur avocat (1) a prins charge de parler au régent de grammaire demeurant à Pesmes, s'il vouloit venir demeurer en ce lieu, dont il sera faict rapport au prouchain conseil. » (Délib., 28 décembre 1557).

(1) François de Marenches, avocat de la Ville.

« Leues en ce conseil les lettres missives de Mre Pierre Humbert, principal des Escoles de grammaire à Pesmes, et ouy le rapport dud. messe François de Marenches ayant eu charge de parler à luy. A esté délibéré qu'il sera payé aud. Humbert, du bien de la Ville, en cas qu'il vienne en ceste Ville pour estre principal des Escoles de grantmaire, la somme de vingt cinq frans par an, jusqu'à ce qu'il soit pourveu d'une lecture aux ars, que lors led. payement cessera. Et aussi luy seront payés les despens de son viactique, selon qu'il asseurera par serement qu'ilz luy auront coustez. » (Délib., 4 janvier 1557/8).

« L'advocat a rapporté que le principal des Escoles de Pesmes a accepté les offres à luy accordées par ce Conseil et promect estre en ce lieu pour y résider deans le jour de Purification Nostre Dame prouchain.

» Lesdits Le Ciergier et de Bergnères ont esté commis pour donner advertissement au principal desd. Escoles de ceste Ville (1) qu'il se ayt à retirer desd. Escoles avec ses meubles y estans, et pour donner ordre que aulcungs des meubles appartenant à lad. Ville n'en soient distraitz. » (Délib., 11 janvier).

« Led. sr mayeur ayant déclaré que Mre Pierre Humbert, recteur des Escolles à Pesmes avait envoyé en ce lieu l'ung de ses pédagogues pour donner asseurance qu'il acceptoit la charge pour estre principal ès Escoles de grammaire de ceste Ville, et ouy Mossr Régnier Prot, docteur en médecine

(1) Jehan Bartheault.

assistant aud. Conseil, ayant fait très bon rapport du sçavoir, suffisance et aultres bonnes qualitez dud. Humbert correspondantes à telle charge, a esté résolu que ensuyvant les délibérations pendantes, led. Humbert sera reçu à lad. principaulté.

» Et ont esté commis lesd. mayeur, Ciergier, Vurry, Boudier, Marenches et Boutechou pour aler devers Mossr Jehan Barteaul à présent principal èsd. Escoles, afin de luy notiffier ceste résolution et qu'il sorte des Escoles deans huit jours prouchains. » (Délib., 16 janvier).

Claude Convers.

« En considération de la venue en ceste Ville de messire Claude Convers ayant esté adverti de la part de ce Conseil touchant la régence et principaulté des Escoles de grammaire de cested. Ville, vacante par le décès de Mre Pierre Humbert, et ayant entendu par le rapport d'aulcungs des sieurs susnommés, l'idonéité et suffisance dud. Convers, a esté conclud et résolu pour ceste cause et joinct qu'il est du pays, qu'il sera préféré à celluy de Dijon ayant demandé lad. régence, luy accordant icelle. Et ce faict, a été mandé en ce Conseil où estant, a accepté la charge pour six ans continues aux conditions accordées aud. Humbert et autres telles qu'elles sont rédigées par escript, et a promis de venir deans quinze jours. Et l'on commet l'on pour luy ayder devers la vesve dud. Humbert touchant les meubles, lesd. Duchamp, Lefort, Béreul et Mathieu. » (Délib., 9 septembre 1559).

» La forme des lectures au Collége de grammaire donnée par feu Mre Pierre Humbert sera treuvée et rapportée au premier Conseil pour y adviser.

» Et deans ce temps, le traicté qui se doit faire avec le à présent principal dud. Collége sera mynuté par le secrétaire.

» Les srs Drouhot et Petit commis pour prier les srs distributeurs de l'Université qu'ils ayent à pourveoir led. à présent principal et l'un de ses régens de deux lectures aux ars. » (Délib., 6 octobre).

GILBERT COUSIN.

Dans le cours de cette étude s'est présenté sous notre plume le nom du Franc-Comtois Gilbert Cousin. Ses relations avec les savants du Comté et de Dole en particulier, et surtout la part active qu'il prit, dans notre Province, au mouvement littéraire et pédagogique nous font un devoir de lui consacrer quelques lignes.

Gilbert Cousin (*Gilbertus Cognatus Nozerenus*) naquit à Nozeroy le 21 janvier 1506. Après avoir reçu de ses oncles maternels les premiers éléments de l'instruction, il vint s'asseoir sur les bancs de l'Université de Dole, où il étudia la jurisprudence sous Pierre Phœnix et Jacques Lestrœus. Il s'adonna aussi pendant quelque temps, mais sans goût, à la médecine et à la théologie. La capitale du Comté lui parut un séjour enchanté et plus tard il devait la célébrer dans sa *Description de la Franche-Comté* (1) : « Dola civitas est Burgundicæ regionis omnium celeberrima, studiisque referta benignis, atque omnis nutricula juris ; ad Dubium flumen duobus brachiis scissum, loco pulcherrimo atque statim sese offerenti posita .... »

En 1527, on trouve Gilbert à Fribourg, achevant ses études de droit auprès d'Ulric Zase, l'un des plus célèbres jurisconsultes du siècle. Il y rencontra Érasme dont il ne tarda pas à devenir le secrétaire (1529) et même, croit-on, le collaborateur. Après six ans passés dans l'intimité du célèbre humaniste, G. Cousin, rappelé par ses parents, reprit, malgré les instances de son illustre ami, le chemin de ses montagnes natales.

Nommé premier chanoine de Nozeroy, il partagea son temps entre les devoirs de son canonicat et l'éducation de la jeunesse. A partir de cette époque, il livra à l'impression une foule de travaux sur presque toutes les connaissances humaines. La renommée de l'élève d'Érasme s'étendit bientôt au delà des bornes du Comté, jusqu'en France et en Allemagne. Les nombreux ouvrages qu'il publia pour l'éducation des enfants, son commerce littéraire avec tout ce qu'il y avait de distingué à Dole et dans le reste du pays, témoignent de la grande influence qu'il dut exercer en Franche-Comté en faveur des doctrines humanistes.

Après la mort de son père, vers 1564, Gilbert Cousin alla s'établir à Besançon. Il y tint une

(1) *Brevis ac dilucida superioris Burgundiæ, quæ comitatus nomine censetur, descriptio.* Bâle, Oporinus, 1552.

école ; mais nous ne savons malheureusement rien de son enseignement dans cette ville. Après avoir vu ses œuvres mises à l'index, il fut, en 1567, inculpé d'hérésie et jeté dans les cachots de l'Officialité où il mourut en 1572 (1).

Ses principaux ouvrages pédagogiques sont :

Parœmiarum sylloge quas Erasmus in suas Chiliadas non retulit ; centuriæ VI. Bâle, Wuinter, 1543.

Ex Ciceronis libro primo de oratore collectanea, cum scholiis. Bâle, 1544. Dédié à Nicolas Fauche de Dole.

Tragedia afflicti hominis, latine et gallice. (Indiqué par Simler).

Comediæ duæ, una Veritatis et Justitiæ suppressæ ; altera, Patientis hominis (Simler).

Poematiorum libri IV. Bâle, Oporinus, 1546.

De sylva narrationum furculi ac fructices aliquot in specimen prolati. Adjecta sunt argumenta et quædam alia lectu perquam jucunda. Bâle, 1547.

Basilii magni de grammatica exercitatione, Gilb. Cognato interprete, græc-lat. Syntaxeos et prosodiæ latinæ tabulæ. Oratio adversus Rhetoricen et Eloquentiam. Bâle, Henricpetrus, 1562.

(1) Voir la *Notice sur la vie et les ouvrages de Gilbert Cousin*, par le Dr Chereau, dans les *Mémoires de la Société d'Emulation du Jura* (année 1863).

PIÈCES JUSTIFICATIVES (1)

I

LEGES A CONVICTORIBUS DOLANI COLLEGII OBSERVANDÆ.

(Document sans date, mais antérieur à 1551).

1. — Convictores omnes qui majorem et in pietate et in literis progressum faciant, communes scholasticorum omnium regulas sibi imprimis commendatas arbitrentur, cum utroque in genere cæteris prælucere debeant.

2. — Cum hora quinta excitati a præfectis e lecto surrexerint, eum decenter, quoad sternatur a famulis, operiant et quarta horæ parte transacta, quartam alteram horæ partem in suo quisque contubernio cum prefectis coram sacra imagine illic affixa genibus flexis precationi vacent.

3. — Vesperi ibidem hora sesquioctava ad precandum, ut mane, convenient per quartam horæ partem, deinde sine clamore et strepitu mox cubitum ibunt.

(1) Toutes ces pièces sont extraites des Archives de l'Hôtel-de-Ville de Dole, liasse ayant pour titre : *Collège de grammaire* ; pour cette raison, nous nous bornerons à indiquer la cote à la suite de chacune d'elles.

4. — Hora igitur nona quovis anni tempore omnes cubuerint opportet, quintaque surrexerint, nisi cui facta potestas esset a primario vigilandi tardius, aut citius surgendi, qua tamen in re ille se facilem non prebebit, ac finita precatione matutina, sese omnes ediscendis parandisque iis, quorum sint rationem in schola reddituri, totos dabunt usque ad sexquisextam, quo tempore, dato ad prelectiones a janitore priore signo, eas illi per quartam horæ partem suis prefectis memoriter pronuntiabunt; deinde ad jantaculum se conferent, unde ad suum quisque gymnasium proficiscetur; quod idem fiet a prandio ab hora sesquiprima, cum primum ad lectiones vespertinas dabitur signum et a feriis D. Joannis Baptistæ hora sexquisecunda.

5. — Ab instauratione studiorum usque ad D. Joannis Baptistæ ferias hora decima prandebitur, reliquo anni tempore, hora sesquinona; cœnabitur autem toto anni cursu hora sexta cum quadrante, preterquam diebus festis, hora sexta, tamque inter prandendum, quam inter cœnandum servato silentio lector attente audietur.

6. — Sumpto cibo tam mane quam vesperi semi hora recreandis animis dabitur : cui diebus festis addi hora poterit, aut amplius, pro arbitratu primarii, sed ita ut duarum horarum spatium non excedatur. Temporis reliquum in studiis consumendum erit : quo tempore nullus per domum vagetur, vel in aream descendat, vel alterius cubiculum ineat, vel quenquam interturbet neque cubiculum quisquam egrediatur, ne si pedagogus quidem sit, sine facultate prefecti, neque collegium

exeat, foribus pernoctet sine facultate primarii aut ejus vices gerentis cum ille abesset.

7. — Prælectionum exactioni quæ fiet a præfectis hora meridiana per tres horæ quadrantes, omnes, ut perscriptum fuerit, aderunt.

8. — Aderunt quoque omnes conservationi seu benedictioni mensæ et gratiarum actioni, antequam ex triclinio discedant, proinde simul omnes ex mensa surgent.

9. — Qui vero quippiam horum neglexerint aut alio quovis modo quod non decet fecerint, intelligant se id non impune laturos. Atque ut indomiti facilius cohibeantur, his tesseram veluti frenum injicietur; quibus de causis danda et quando exigenda sit, separatim dicendum.

LAUS DEO OPT. MAX.

Tessera quando exigenda et quibus de causis danda sit.

Tessera (quæ in singulis contuberniis una erit) cum mane, tum vesperi, simul et gratiæ actæ fuerint, exigi debet, nisi aliqua de causa aliquis pretermittatur quod raro fiet.

Danda autem est his de causis :

1. — Omnibus immodeste sese gerentibus in templis et precationis tempore.

2. — Omnibus gallice loquentibus et auditoribus primæ, secundæ ac tertiæ classis, barbarismum vel solecismum facientibus.

3. — Non habentibus fasciam in galero.

4. — Non servantibus quam decet dispositionem

in libris, indumentis, lectis, etc., et lectis ipsis incumbentibus vel insidentibus.

5. — Garrientibus in secessu, et ibidem diutius et eo frequenter cursantibus sine necessitate et illic manentibus sine lumine.

6. — Manentibus in cubiculo tempore recreationis et ingredientibus culinam et cubiculum famulorum et janitoris et alia ministeriorum domesticorum loca (1).

8. — Respicientibus per fenestras unde videri ab externis, et revocari ab officio queant.

9. — Garrientibus in cubiculo tempore studii, denique in mensa et in classe tempore catechismi.

10. — Discedentibus ab aliis, cum itur ad campos.

11. Deserentibus ordinem eundo ad templum et in supplicationibus.

12. Negotiantibus, id est vendentibus, ementibus, permutantibus, hoc aut illud.

13. — Non se aspergentibus aqua lustrali in ingressu templi.

14. — Non salutantibus augustissimum Eucharistiæ sacramentum flexo utroque genu, antequam sedeant.

15. — Vagantibus in templo nec locum sibi destinatum servantibus.

16. — Non redeuntibus e templo una cum aliis.

17. — Venientibus in cœnaculum post benedictionem.

18. — Venientibus tardius ad orationem, repetitiones, tesseræ exactionem.

(1) Le paragraphe 7 manque dans l'original.

19. — Projicientibus aquam per fenestras.

20. — Projicientibus lapides.

21. — Ludentibus aleis et in phæristerio vel pecunia aut re alia quæ pecunia æstimari possit.

22. — Iis qui utuntur clamoribus inconditis et immodestis, etiam tempore recreationis.

23. — Non aperientibus caput iis quibus reverentiam debeant tam domi quam foris.

24. — Ludentibus et currentibus cum toga et crepidis.

25. — Euntibus ad lectum post nonam.

LAUS DEO OPT. MAX.

(*Cote 1451*).

II

QUIBUS QUORUMQUE AUTORUM LIBRIS, QUO TEMPORUM AC RERUM ORDINE, ET QUA EXERCENDI RATIONE INSTRUATUR JUVENTUS GYMNASII GRAMMATICORUM APUD DOLANOS IN CLASSES DISTRIBUTA, JOANNE MATTHÆO MODERATORE.

(9 août 1553).

In primis hæc juventus a biennio cum quatuor circiter mensibus, quo ei præest idem Mathæus, unius Joannis Rivii ejusque solius librum de grammaticis audit, volvit, ac discit : solius vero, ne præceptionum ac autorum varietate verius obruatur quam instruatur. Satis autem hic Rivii liber passim in scholis et Academiis notus est, nec eget longiore commendatione. Sectionum et capitum ejus ordo et œconomia, præceptionum brevitas et compendium, exemplorum doctrina et perspicuitas satis eum commendabunt ei qui accuratius totum examinare volet.

Hic liber in octo libellos divisus hoc ordine in tribus inferioribus classibus prælegitur, et quotannis perlegitur, nec perlegitur modo, verumetiam repetitur sæpius et crebrius inculcatur.

Primus horum octo libellorum, qui est de partibus orationis ac nihil aliud est quam facilior quidam Donatus, de partibus quem vocant, item secundus qui est de declinationibus, et sextus qui est de syntaxi, præleguntur in minima classe.

Tertius libellus qui est de generibus nominum ac de heteroclitis, quartus qui est de præteritis et supinis, de anomalis et defectivis verbis, quintus qui est de specie et figura partium orationis, ubi omnia reconditiora grammatices præcepta diligentius repetuntur ac examinantur, et sextus qui est de syntaxi, præleguntur in tertia classe, hoc est, ea quæ uno gradu minimam præcedit.

Sextus iterum libellorum omnium maxime necessarius de syntaxi videlicet, septimus qui est de prosodia, et octavus qui est de verborum et rerum copia, præleguntur in secunda classe, quæ paulatim a grammaticis ad rhetoras transire incipit.

Hæc basis, hoc fundamentum est, quo jacto, eloquentiæ ac philosophiæ initia in primæ classis auditoribus superstruere conamur.

Mane ab hora quinta ad circiter septimam latinos hactenus, modo historicos, modo oratores, una cum grammaticis omnibus omnium classium simul discipulis interpretatus est gymnasiarcha anteriorum morem secutus. Jam vero cum ex classicorum criticorum sententia, ut Fabii illius optimi erudiendæ juventutis artificis, ut Rodolphi Agricolæ, ut Érasmi, ut Jo. Vivis, etc., tum etiam ex doctissimorum virorum hujus urbis et Academiæ suasu, ut felicis recordationis D. Phœnicis, ut D. Oribaldi (1) et D. Lulli statuit idem gymnasiarcha græcos ejusdem generis authores his matutinis horis enarrare, ut juventus egregiam illam et antiquam habeat commoditatem græca cum latinis conjungendi, effecturumque se, Deo duce, sperat ut his horis facili compendio ac manu utriusque linguæ grammaticam perdiscant adolescentes et simul in historicis, rhetoricis ac interdum etiam philosophicis exerceantur.

Qui libri hora octava matutina in singulis classibus perleguntur.

In minima, Terentii Comediæ perleguntur propter stili cum elegantiam, tum facilitatem, explicanturque non modo latine, verum etiam gallice ad captum puerorum faciliorem.

In tertia, enarratur pars illa Æneidos Virgilianæ quæ bella Æneæ in Turnum commemorat. *Tulit* enim hic *omne punctum* poeta miscendo *utile dulci*.

In secunda, conciones Titi Livii cum propter historiam, quæ tota fere romana ibi continetur, tum propter rhetoricam : his enim statim a præceptore adjunguntur rhetorices præcepta.

In prima, Dialectica Perionii quæ, quod ad res

(1) Prénom mal orthographié d'Horibaldus Héberling, dénommé aussi *Balde* par le scribe du Conseil.

attinet, tota fere aristotelica est, quod ad verba, tota ciceroniana.

Qui hora undecima.

Hora undecima statim a prandio fiunt lectionum repetitiones et exactiones grammaticesque precepta præsertim ibi docentur ac exercentur eo ordine quem modo diximus.

Qui hora pomeridiana.

Hora tertia post meridiem, in minima classe leguntur Bucolica Virgilii partim ob veram jucunditatem, qua facile ducuntur et alliciuntur pueri, partim quod vere Horatius dixisse putem : *Os tenerum pueri balbumque poeta figurat.*

In tertia classe, leguntur Epistolæ Ciceronis, ut habeant jam grandiusculi pueri, et paulo provectiores quod in epistolis conscribendis et animi sensis commodius exprimendis feliciter imitentur.

In secunda, prælegitur Æneidos illa pars, qua navigationes Æneæ memorantur, ubi simul exercentur, ejus auditores in carminis conscribendi ratione.

In prima, philosophica Ciceronis enarrantur.

Qui diebus festis.

Diebus festis, in minima classe, leguntur epistolæ Ciceronis faciliores galliceque familiarius enodantur, ut latine loquendi formulas et fontibus magis quam ex lacunis aut rivulis hauriant ac velut imbibant rudiores hi auditores.

In tertia, legitur Lœlius, De amicitia, cui poterit subjungi vel Cato, De senectute, vel alius aliquis Ciceronis libellus de moribus.

In secunda, leguntur Odæ Horatii ad carminis varietatem imitandam et exercendam.

In prima, ejusdem autoris epistolæ leguntur ob philosophiam moralem cujus præceptis totæ plenæ sunt.

Ab hora octava serotina ad nonam usque, quotidie lectionis matutinæ exactiones et repetitiones fiunt in singulis cubiculis, interdum a præceptoribus, interdum a provectioribus discipulis.

De exercitatione.

Diebus Martis et Jovis, cum in hebdomade nullæ sunt feriæ, hora post meridiem quarta exercentur minimæ classis pueri in scribendis chriis grammaticis per variationes casuum, generum et numerorum, ex consilio Fabii, Diomedis et recentiorum, interdum etiam in thematiolis gallicis in latinum sermonem vertendis.

Tertiæ classis discipuli, iisdem diebus, eademque hora, sic exercentur, sed jam in paulo difficilioribus et accuratioribus thematibus.

Secundarii vero exercentur modo in scribendo versu, modo in varie invertenda aliqua soluta sententia, ad hocque illis prælegitur de copia verborum et rerum libellus.

Primarii exercentur in vario carminum epistolarum et argumentationum rhetoricarum componendarum genere.

Die sabbati mane, singulis hebdomadibus datur ab uno quoque præceptorum thema unum pro captu auditorum componendum, ac die lunæ sequente reddendum.

Horis vespertinis hoc eodem sabbati die, in

unaquaque classe, solemnius disputatur uno atque altero discipulorum conclusiones aliquas asserente ac defendente, reliquis vero ordine insurgentibus, objuvantibus ac impugnantibus.

Declamant sæpe primarii et secundarii, sæpe etiam publice solemnius disputant.

Tertiarii et quartarii actionem et omnis generis pronuntiationem discunt in agendis dialogis et comœdiis.

Post cœnam subinde, classes in classes disputant minima in tertiam et secunda in primam.

Efficitur in summa ne usquam moderatorum culpa desidiosa esse possit juventus.

On lit au-dessous d'une autre main :

Aujourd'hui neuve jour du mois d'aoust l'an mil cinq cent cinquante trois, au Conseil de la Ville de Dole assemblé led. jour en la manière accoustumée, s'est rendu et comparu Me Jehan Mathieu, principal des Escoles de grammaire de lad. Ville lequel a dict et declaré que suyvant l'ordonnance à luy faicte par led. Conseil d'entendre de luy l'ordre qu'il tenoit en son escole, il auroit rédigé par escript les articles cy dessus escriptz que luy mesme a leu à haulte et intelligible voix aud. Conseil déclarant qu'il tenoit et faisoit observer le contenu des présents articles, et pour en fournir la vérité, les a deslaissé aud. Conseil.

Je soubsigné secrétaire aud Conseil à ce présent.

GOUBOT

(*Cote 1451*).

III

RESMONTRANCES QUE FONT LES Srs MAYEUR ET ESCHEVINS DE DOLE POUR LE REBOUTEMENT DES FINS DE DEUX REQUESTES PRÉSENTÉES A LA COURT SOUVERAINE PAR MESSIRE JEHAN BARTEAULT, PRESTRE, SOY DISANT PRINCIPAL ET RECTEUR DES ESCOLES DUD. LIEU SUR LESQUELLES ADVECQUE AULTRES PIÈCES PAR EULX FOURNIES ILS REQUIÈRENT APPOINTEMENT.

(Janvier 1557/8).

Qu'il est vray que sont environ dix neuf mois que à la réquisition d'aulcungs ssigneurs et par suppositions d'ung nommé Barteau à présent docteur en théologie et principal du Collége, de Dijon, home docte, expérimenté en toutes langues, led. messire Jean Bartheault fut nommé, choisiz et esleu par lesd. sieurs mayeur et eschevins, recteur et principal èsd. Escolles, pour en icelles led. estat administrer à leurs bon vouloir et plaisir sans luy préfixé terme certain et tandis qu'il effectuerat les circonstances et deppendances de lad. charge par luy acceptée, au soullagement du bien publicque dud. Dole et de la jeunesses ilz estans.

Et que pour ce, à raison de lad. charge, par luy acceptée soubz couleur qu'il effectueroit les promesses pour lors de sa part faictes et de soy guider et conduire èsd. Escolles aulx contentements de tous, nourriture et bonne instruction de la jeunesse commise à sa charge, oultre l'accoustumé, luy fut par lesd. s[rs] mayeur et eschevins libéralement donné la somme de cent frans.

Plus lad. Escolle mise en telle réparation que honorablement luy estoit facile en icelle recepvoir enffans de quelque grande quallité et maison qu'ils fussent, et voire tel précepteurs qu'il eut choisi, fut ou à Paris, Louvain et ailleurs.

Ad ce que lesd. Escolles que anciennement estoient estées repputées une Atthène en ce Conté de Bourgoigne et desquelles *tanquam ex equo Trojano* estoient partis plusieurs bons personnages et enfants, par leurs vertus, œuvres et doctrines en lad. Court, ne fut à leur faulte, culpe et dissimulation ruinée et entièrement le bien publicque esvanouys et estaintz.

Et les habitants dud. Dole contraincts à leurs grande jacture envoyer leurs enffans mandier par divers lieux ce qu'ils souloient en leur lieu avoir.

Mais que à la part dud. Barthault furent pour lors faictes plusieurs legières promesses, aussi furent icelles depuis legièrement effectuées.

Tellement que au lieu de soy assister de bons, doctes et expérimentés régens, il se contenta d'ung sien frère nommé Mre Gérard et aultres semblables à luy en érudition, et non moins barbares que mal guidés et conduicts.

De mode que dès lors cette jeunesse que luy estoit esté laissé par ses antécesseurs principal et recteur, fut contraincte soy retirer ès viles cyrconvoisines singulièrement au lieu de Pesmes.

Et les aultres, n'aians moien supporter tels fraiz, surattendant meilleur fortune, se exposer à tous venanz soubz le danger de invecte et barbare érudition que leur estoit monstrée par led. Barteault et aultres tels et semblables régens que luy.

Voire plus, les précepteurs et régens par luy choisi par traictance non accoustumée, lesser les charges par eulx acceptées et finallement recepvoir injures, outrages et perdition de leurs biens.

Le tout au veu, sçeu, soufferte et tollérance dud. Barteault qui par telle permission vraisemblablement et sans difficulté agréoit telle injures et outrages.

Du nombre desquels a esté ung nommé Nandoillet du lieu de Champlicte, home docte, aiant esté chassé et oultragé par led. Bartault et son frère, pour par plusieurs fois les avoir reprins en leurs dictions et confabulations latines.

Comme sont estés plusieurs aultres, singulièrement ung nommé Du Val, home expérimenté en toutes langues latine et grecque, qui, pour non pouvoir suppourter les barbaries et petites conduittes dud. principal, a esté contrainct soy retirer au lieu de Poligny, où présentement il régente en bien bonne réputation.

Finalement ung nommé Mre Pierre Chrestien, natif du lieu dud. Bartheault, présentement ayant charge à son honneur et grande réputation au lieu de Salins.

Et tellement que, ou ausd. escolles estoit bon nombre de jeunes gens, pour le présent ne se y rencontre tel nombre qu'estoit du passé à l'honneur et réputation de la Ville de Dole, conservation du bien d'icelle et de tout le Conté et encores plus.

Que na esté ny n'est sans la jacture et grande

foule de lad. Ville, selon qu'il plaira à lad. Court peser et considérer.

Et combien que par plusieurs fois lesd. s[rs] maieur et eschevins ait tel jacture remonstré aud. Bartheault et admonesté aultrement se conduire ou qu'ilz seroient contrainct se pourveoir alieurs à leurs regret, toutefois led. principal ne ha à telle remonstraince eu esgard.

Mais par ses promesses accoustumées a tousjour lad. Vile circonvenu, tellement que desd. promesses *nihil aliud exiit præter quam quod montes horatiani.*

Occasion de quoi plusieurs bons personnages sont estés contrainctz en leurs maisons contenir leursd. enffans et tant par leurs ministères que d'aulcungs précepteurs par eulx choisis, leurd. enfans instruire.

Mais comme telle jacture estoit impourtante au bien publicque et éducation de la jeunesse dud. Dole, fut despuis résolus par lesd. s[rs] maieur et eschevins adviser de mettre une fin sur telles frivoles promesses et impostures.

Tellement que d'ung commung consentement tendant à bonne fin, toutes passions et affections particulières postposées, fut résolu que l'on choisiroit aultre recteur et principal selon que lesd. maieur et eschevins en tel cas du passé avoit faict, sans qu'ils fussent en telles et semblables délibérations par nul empeschés, et comme chose despendante de leursd. administration, qu'ils croient que lad. Court ne vouldra anuller, pour non diminuer le droit qu'ilz ont en tel cas, régence et gouvernement de leurs police, et non donner moiens aux particuliers par frivoles et nulles requestes empescher telle saincte et bonne délibération à eulx par le Prince concédées et qu'il plairat à lad. Court entièrement entretenir et garder comme immédiatement représentant la personne dud. Prince.

Fut toutesfois résolu que l'on notifieroit telle déliberacions aud. Barteault pour non estre prévenu et à ce que de sa part fut adviser à ses petiz négoces, comme despuis a esté faict par plusieurs et diverses notifications.

Suivant laquelle résolution fut despuis convenu avec ung bon personnage, home docte et bien famé et auquel toute notre jeunesse par faulte de bon principal par l'advis de leurs parens estoit recourue et avec lequel ilz ont prins ja tel commencement qu'il ne reste fors parfaire *quod bene cœptum est.*

De lad. charge de principal accepte que volontairement il a faicte, aiant du lieu où il residoit prins congé, et la plus part de ses enffans commis à sa charge, avec quelques meubles que luy compète, envoyés en ce lieu de Dole.

Duquel s'il estoit debouté et de lad. charge sur ung simple remonstre dud. Barteault seroit aud. précepteur faire tort et à lad. Vile de Dole, charge que ce qu'elle a faict, tout en bonne part a esté faict, et non par passion, envie et malveillance de personne quelquonque.

Tellement que pour le présent ne peult led. Barteaut obtenir les fins de ces deulx resquestes, et moins surséance du despartement que l'on luy a notifié par plusieurs et diverses fois.

Car tel despartement a esté faict à sa seulle faulte

et négligence et pour aultant qu'il n'estoit pourveu de bons régens, et moins se conduisoit en son estat selon qu'il estoit requis et comme promis l'avoit de façon que si *ex hac deportatione damnum sentiat sentire non videatur*.

Que si led. Barteault vouloit dire que à l'occasion mess[rs] les maieur et eschevins doivent supporter les fraiz par luy articulés en ces deulx requestes tant par privation de la régence qu'il avoit audit lieu de Dijon que de la familiarité en laquel il dict avoir esté reçeu en la Saincte Chappelle dud. Dijon.

Pourtant ne seroit recevable en ces fins, puisque un bien publique est préféré à ung proffit particulier . . . .

. . . .

Bien est vray qu'il a esté régent aud. Dijon en la troisième classe et qu'il a esté dessaisi de sa régence; mais l'on maintient et ainsi l'on le veult instituer que sa esté longuement avant l'acceptation de sa charge et que dicelle il fut esté adverti, voire comme lon dict communément, pour avoir esté treuvé non soffisant en lad. charge.

Joint que lad. Vile ne a eu de luy aucun advertissement, et moin désir le recevoir en lad charge. Bien est vray qu'elle, ha toujours désiré led. Bartau, dont a esté faicte mention.

Tellement que si. . . . .
présentement il reçoit intérès, *culpa sua id fieri videtur*.

D'aultant plus que . . . .
a esté reçeu à condition qu'il se pourvoiroit de bons régens et feroit ce que de sad. charge despent.

Toutes lesquelles conditions ne sont estées par eulx accomplies dont par droit lesd. s[rs] mayeur et eschevins à la clameur de tous ont aud. cas dehuement pourveu.

Que si despuis la notification à luy faicte dud. despourtement, il c'est pourvehu de régens, *hoc facere non debuit et potuit* pour empescher la résolution de lad. Vile, et que le principal par icelle choisi de nouveau ne exerce sond. estat, comme non faicte telle diligence *debito tempore*, et depuis que lon luy a notifié la convention de la Vile et son dépourtement.

Et à ce qu'il dict que celuy qui a esté par lad. Vile choisi n'est soffisant pour régenter une troisième classe, tel propos ne luy donne droit, car ceulx de luy ayant notice et cognoissance comme de leurs éruditions oseroient bien maintenir que led. Barteaul n'est soffisant pour se pouvoir qualifier à ses disciples.

Et quant à ce qu'il dict que du commencement de sa charge il a voulu recouvrer quelque bons régens et que luy et ung sien précepteur en ont escript à Paris, lesd. maieur et eschevins accourdent avec luy tel propos.

Mais l'escript de son régent estoit tel qu'il mandoit à ung sien compagnon que lon luy envoyat ung bon François, tellement qu'estant estées lesdites lettres vehue par le s[r] de Dicez, second régent, fut déchassé desd. Escolles, et luy onteusement convaincu de peu de jugement et sçavoir.

Qu'envers lequelle toutesfois lad. Vile est preste, encores que desjà lon luy aiet donné cent frans oultre l'accoustumé, user de quelque recognoissance pour plus le constitué en dol, culpe et male foy, voire tenir la main, le faire deschargé d'une pourtion de ses meubles, le requérant soy contenter dautant, et plus avant non provoquer lad. Vile, à ce que si plus avant *maledicendo pergat dicere, male quoque audiat*, au regret desd. s[rs] mayeur et eschevins.

Lesquels pour les raisons susd. et autres, par lad. Court à suppliée, requirent, son bon playsir estre nonobstant tout ce que au contraire a esté articulé par led. Barteaut, déclarer que la provision du nouveau principal par eulx choisi et esleu ira avant et sortira son effect.

S. DUCHAMP. H. BOUTECHOU.

Playse à la Court, et de cela supplient les s[rs] maieur et eschevins de la Ville de Dole veoir les présentes remonstrances et icelles joindre avec les aultres pièces ja par eulx fournies et exibées en lad. Court en repondant à deulx requestes présentées à icelle par messire Jean Barteault, prestre, soy disant principal et recteur des Escoles de Dole et sur le tout leur fournir appointement tel que lad. Court a accoustumé de faire, nonobstant lesd. deux requestes dud. Barteault que lon maintient estre obreptives et subreptives, le tout pour le bien profit et utilité de lad. Vile de Dole, soulagement, instruction et bonne éducation de la jeunesse y estantz et en tout le païs et Conté de Bourgoigne.

S. DUCHAMP. LE CIERGIER.

G. DUCHAMP. H. BOUTECHOU.

(*Cote 1452*).

Nota. — Les traités conclus entre le Magistrat de Dole et les principaux du Collège de grammaire, et dont les copies figurent aux Archives, sont au nombre de quatre : les traités Contet (1566/7), Gollut (1570), Saultheret (1575), et Garnier (1576). Les trois derniers contiennent de plus que le premier quelques articles relatifs à l'enseignement ; les articles des trois derniers sont identiques à quelques mots près.

De ces quatre actes, nous ne donnerons que le traité conclu avec Saultheret, au bas duquel se trouvent quelques lignes écrites et signées par lui.

Les règlements de Gray, postérieurs à 1583, ont été transcrits par M. Charles Godard dans l'*Histoire de l'ancien Collège de Gray*. Ils reproduisent de nombreuses phrases des nôtres, circonstance qui permet la rectification d'erreurs de lecture échappées à l'auteur.

IV

Traité conclu par la Ville avec Blaise Contet, de Chalon, maître ès arts, pour la direction du Collège de grammaire.

(18 février 1566/7).

(*Cote 1454*).

V

Traité conclu par la Ville avec Louis Gollut pour la direction du Collège de grammaire.

(16 décembre 1570).

(*Cote 1455*).

VI

Profession de foi et prestation de serment de Louis Gollut et de ses régents.

(3 octobre 1571).

Aujourd'hui tier jour du mois d'octobre mil cinq cent septante ung, heure de neufz heures du matin dud. jour, en la grand classe du Collége de grammaire de ce lieu de Dole, par devant messire Pierre Le Ciergier, prestre, docteur ès drois, visce chancelier subconservateur des privileiges appostolicques de nostre mère l'Université de ced. lieu, se sont présentez en leurs personnes, messire Loys Goulu aussi docteur èsd. drois, Mre ès ars, principal dud. Collége et Escolle de grammaire, Mre Jehan Brullard, Mre aux ars, premier régent, Mre Denys Vaichier, prestre, second régent, Mre Jehan Bernard, tier régent, et Mre Guillaume Lefort, quatrième régent desd. Escolles, tous lesquelz principal et régens en présence de nobles hommes Estienne Vurry, mayeur de la Ville, commune dud. Dole, messire Henry Camus, docteur èsd. drois, messire Nicolas Béreul, eschevins, messires

Denys Tyrot et Jehan Javel, aussi docteurs èsd. drois, et Estienne Duchamp, escuyer, conseilliers en lad. Ville, et Mre Claude Gurry, procureur sindicque d'icelle, ont avec honneur et révérence faict publicque solempnelle profession de foy, et icelle jurée aux saincts évangilles de Dieu par chascung d'eulx corporellement touchées ès mains dud. visce chancelier à ce spécialement commis du très reverend illustrissime archevesque de Besançon, laquelle profession de foy a esté faicte suyvant la forme de la bulle aultresfois émanée de feu, dureuse mémoire, nostre sainct Père le pape Pie quart et statuée et ordonnée par le sainct concile de Trente, desquelles profession de foy et prestacions de seremens led. visce chancelier comme aussi lesd. Srs mayeurs, eschevins et conseilliers de lad. Ville prénommez ont commis et demandé à moy notaire, secrétaire de lad. Ville soubzsigné attestacion et instrument publicque que leur ay ouctroyé en ceste forme pour cy après leur valoir, servir selon rayson. En tesmoignaige de vérité desquelles choses, j'ay signé cettes de mon seing manuel accoustumé cy mis.

Aud. Dole les an, jour que dessus. Présens : Pierre Noirot, dit de Salins, Jehan Duchoy, François Descloches et plusieurs aultres tous dud. Dole, tesmoings à ce appellez et recquis.

DEMARRIGNY

Pour lesd. sieurs mayeur, eschevins, conseilliers de lad. Ville de Dole.

(*Cote 1455*).

VII

Requête présentée au Magistrat par Didier Grodare, régent du Collège, se plaignant des mauvais traitements exercés sur lui par le principal Gollut.

(1572 ou 1573).

A Messrs les maieur, eschevins et Conseil en la Ville de Dole.

Supplye humblement Didier Grodare, M[e] ès artz en l'Université de Paris, professeur royal aux gages de Sa Majesté, et second régent de vostre Collége, disant comme ainsy soit que messire Loys Golut, principal dud. Collége, de longtemps ayant conçu hayne ou envye à l'encontre dud. suppliant, l'auroit tellement poursuivye que le dimenche cinquiesme jour de décembre, vigile de sainct Nicolas, l'auroit en présence des enfans qui revenoyent des vespres, assailly en parolles et injures et de faict auroit outrageusement attenté à sa personne et eust esté plus avant aprez lavoir jecté par terre n'eust esté deux des régens qui y survindrent. Ce que ayant esgard à vouz, messires, et au proffit et advancement de voz enfans, il auroit trop patiemment souffert et enduré, espérant qu'il se corrigeroyt à l'advenir et n'useroyt plus de telle inadvertence en ses entreprinses. Ce neansmoyns, le dymenche vingt et troysiesme jour de janvier, jour auquel led. suppliant avoit publiquement faict déclamer, persévérant tousjours en sa simulte et hayne à l'encontre dud. second régent, auroit cherché les occasions et de injurier et frapper led. suppliant, ce qu'il fest aprez avoir souppé en compaignye, et luy donna tel coup de poing sur le visage qu'il fest sortyr le sang du nez et bouche dud. suppliant, et le coucha par terre avec grand nombre d'injures atroces et intollérables, indignes de luy et de la personne dud. suppliant.

Ce considéré, mesdictz s[rs], et que led. principal en faict coustume, joinct à ce que led. second ne pourroyt souffryr pour rien d'estre plus battu en faisant son debvoyr de sa part sans reproche comme mesme il s'en rapporte aud. principal, et en esgard à l'injure réitérée, il vouz plaise lycencier led. second de tout contract passé entre led. principal et luy, entendu qu'il en a esté le premier infracteur, et ordonner qu'il soit payé au prorata du temps qu'il a faict service en votre Ville, au Roy, à vouz, et à vos enfans ; ou luy donner votre adjunction pour se pourvoyr sur le cas de l'injure par devant monsieur le bailly de Dole ou son lieutenant ; ce que faisans, vous l'obligerez à prier Dieu qu'il garde toujours ceste province en ses libertez et franchises, et qu'il augmente et accroysse de plus en plus l'heur et l'honneur de vostre Ville, et le rendrez affectionné serviteur de tout le pays.

Didier Grodare.

(*Cote 1455*).

VIII

Traité entre le Magistrat et Etienne Sautheret d'Ornans pour la direction du Collège de grammaire.

(27 juillet 1575).

Au Conseil de la Ville de Dole tenu le mardy vingt septième jour de juillet l'an mil cinq cens septante cinq ont esté faictes, louhées et passées les conventions accordz et promesses qui s'ensuyvent, entre nobles Nicolas Béreur, mayeur de lad. Ville, Louys Drouhot, coeschevin en icelle, Estienne Vurry, escuyer, messires Denys Tyrot, Hylaire Ozanne, Louys de Sainct Mauris, Joachin Dunans et Guyon Mairot, docteurs ès drois, Jehan Bourgeois et Mre Désiré Camuz, procureur postulant en la Court souveraine de Parlement aud. Dole, tous conseilliers de lad. Ville, messires François du Tartre et Jehan Huot, docteurs èsd. drois, Louys de Bruxelles, contreroleur des fortiffications de lad. Ville, m^res^ Jehan Boyvin et Jehan de la Monnoye, procureurs postulans en la souveraine Court de Parlement aud. Dole et Mre Jehan Couictot le Jeune dud. Dole, notaire, appeilez et assemblez pour notables aud. Conseil, et tant en ces noms et qualitez que pour et ès noms de tous les aultres manans et habitans de lad. Ville d'une part, et messire Estienne Saulteret d'Ornans, docteur ès drois d'aultre part, cy devant admis et reçeu par lesd. Conseil et notables pour principal du Collége de grammaire de lad. Ville d'autre part.

C'est assavoir que lesd. sieurs mayeur, eschevins, conseilliers et notables ausd. noms ont permis et permectent aud. messire Estienne Saulteret de tenir lesd. Escoles de lad. Ville durant et pendant le temps et terme de six ans commenceans au premier jour du mois d'aoust prouchainement venant et finissans à semblable jour lesd. six ans révoluz. Et pour ce faire luy ont accordé et laissé la maison en ce lieu ad ce députée appartenant à lad. Ville, ensemble les classes et jardin en deppendans, lesquelles maison et classes led. messire Estienne Saulteret a promis et promect d'entretenir pendant led. temps, et à la fin dicelluy rendre en dehue et convenable réparation et entretien tant en couverture que aultrement, et ainsi et par la forme et manière quelles luy seront baillées et que sera rédigé par escript pour mémoire et souvenance de ce, tous cas fortuitz toutesfois réservez.

Quen icelle maison et classe il ne pourra faire edifice ny nouvelle œuvre quel quil soit sans la permission et consentement dud. Conseil aultrement nen sera remborsé ny satisfaict.

Et où il ne vouldroit continuer à la régence desd. Collége et Escole après lesd. six ans, il a promis den advertir led. Conseil ung an auparavant son département.

Oultre ce a promis et promect led. messire Estienne Saultheret de en lad. régence et principalité desd. Escolles et en tout ce quen deppend faire son loyal debvoir et selon quil convient et appartient à telle charge, avoir et fournir bons et suffisans régens telz que cy après sera déclairé.

Que luy mesme fera par chascun jour convenable du grand matin une leçon publicque selon quil a esté accoustumé du passé.

Pour laquelle et pour luy ayder avoir de bons et suffisans régens luy sera payé chascung an des deniers du revenu de lad. Ville par le Recepveur dicelle la somme de quatre vingtz frans, le payement de laquelle cessera par le temps quil naura régens et quilz ne se treuveront suffisans.

Est traicté et convenu au regard de la norriture des enfans que led. principal vouldra avoir et recevoir en lad. maison, elle demeura à sa discrétion et volunté, actendu quil a promis aud. Conseil den user honestement et modestement, et selon les saisons et occurrance du temps, et ou que aultrement seroit faict et que led. Conseil en eust doléance, il y pourra pourveoir.

Et quant aux enffans forains quil recepvra en lad. maison qu'on appelle potagistes, il aura et prendra d'ung chascung diceux, à sçavoir de celluy qui se fournisra de lict, linceulx et couverture cinq frans pour ung chascung an, et de celluy qui ne fournisra six francs.

Des enfans oppidains oyans leçons, il aura et prendra dung chascung par mois la somme de six blans, et dung chascung petit enfant conduict par pédagogue et qui encoires ne sont capables pour ouyr lectures, quatre niquetz aussi par mois tant seullement.

Et moyennant ce, sera permise et donnée lentrée ausd. oppidains pour toutes lectures que se feront ausd. Escoles et à toutes heures quilz y vouldront aller pour conférer de leurs estudes.

Et ne permeetra led. Saulteret que aulcunes

exactions ou nouvelleté se face par sesd. régens ou aultres soit pour disputes, compositions, exercice que lon fera faire ausd. enfans.

Et le surplus de ce quil convient que led. Saulteret face et observe pour la principalité et régence se fera suyvant les articles et conditions cy après insérez et accordez entre lesd. parties, selon que led. Saulteret la promis et juré au lodz de cestes, à la peine de tous frais, intérestz et deppens.

Premièrement led. sieur Saultheret ne fera aultre profession que de bien régir et gouverner lesd. Escoles, en quoy il vacquera soigneusement et selon que l'on en a de luy la confidence.

Quil aura et fournisra quatre régens bien moriginez, de bonne vye catholicques doctes et scavans pour faire lecture et monstrer aux enfans en quatre classes.

Lesquelx seront personnaiges de réputation à ce que de tant plus ilz soient révérez, et seront vestuz d'habis décens et convenables à leur estat comme de longues robes, de bonnetz quarrez, mesmes quant ilz monstreront et feront leçons aux enfans et quilz yront par ville.

Quiceulx régens pour tenir les enfans à lobservance de Dieu, de son église et de ses commandemens et en dévotion, les accompaigneront et conduyront à la messe, aux vespres, aux processions générales et sermons.

Ne se rendront lesd. régens si familiers ausd. enfans dont par ce puisse advenir ung contemnement de leur auctorité et du respect que lon doibt avoir deulx.

Ilz auront et prendront sogneux égard avec le

principal que pour maulvais exemple les enfans ne soient corrompuz.

Que lire ne les surmontera pour ligière occasion afin destre trop rudes ausd. enfans.

Que le chastoy et verges soient seullement préparez aux maulvais et trop négligens, veu que par honte, remonstrances, admonitions et libéralité, la jeunesse est plustost retenue en debvoir d'office.

Quil se donnera garde comme aussi lesd. régens que le devis des enfans ne soit entaché ny accoustumé de blasphèmes.

Que par mesme moyen la langue françoise soit deffendue en lad. Escole.

Comme aussi les confabulations vilaines, afin que les enfans ne saccoustument à icelles et ne perdent temps.

Que deux desd. régens liront et interpréteront les ars libéraulx.

Assavoir, le premier la philosophie *oratorie* et langue grecque selon le sçavoir et la portée de ses auditeurs.

Le second lira en *oratorie* et interprétera la grammaire grecque.

Le tier en poésie les bons autheurs latins comme épistres, et quelques petites oraisons, et interprétera grammaire latine.

Et le quart les premiers élémens de grammaire et quelque auteur *de moribus*.

Que lesd. enfans qui seront demeurans aud. Collége seront tenuz le plus honestement que possible, sera comme aussi les chambres et cours desd. Escoles pour obvier à la corruption de lair qui parfois engendre maladies.

Que les plus grandz deaige seront esveillez en esté, assavoir depuis Pasques jusques à la Sainct Remy à quatre heures et se lèveront à cinq heures.

Aux cinq heures et demy viendront en la classe.

En hyvert, assavoir depuis la Sainct Remys jusques à Pasques, leur sera relasché une demye heure afin que en ce temps se lyèvent plus tard pour venir à la classe.

Quant aux petitz et moïndres deaige, lesd. principal et régens leur relascheront plus longtemps pour leur repos, ayans égard à limbécilité de leurs eaiges et tendres personnes.

Que lesd. principal et régens seront vigilans ad ce que ausd. Escoles chascung également soit attentif et diligent à entendre et concepvoir les leçons et lectures.

La première leçon finie lesd. enffans desjeuneront.

A huict heures chascung se représentera en sa classe par le pourteur de reigle et les absens notez.

Et pour lesté les enfans recepvront la leçon de leurs régens jusques à neufz heures. En hyvert, après huict jusques à neuf et demye feront le mesme. Le reste sera employé pour les disputes ou seront présens lesd. régens.

A dix heures au plus tard selon que le temps le requerra, les mains lavées et nectes, et la bénédiction sur la table faicte, les enffans disneront.

Au commencement du disné se fera aux assistans une brefve et saincte lecture.

Après le disné les graces seront rendues à Dieu.

Ces choses ainsi achevées, et déjà chascung sorty de la sale, seront permises déambulations parmy les classes et court avec doctes et joyeuses confabulations jusques à demye heure.

A unze heure indifferemment tant les oppidains que les domesticques répéteront devant leurs régens leurs leçons du matin, et se feront les répétitions selon la coustume les lundy, mécredy et vendredy.

La grammaire partout sera practiquée par compositions et versions de langue à aultre afin dexercer le stil.

A une heure, lira celluy quaura la lecture d'ars au Collége de grammaire.

A deux heures, les enffans repaistront.

A trois heures, chascung se retirera en sa classe pour recepvoir la lecture des régens qui liront jusques à quatre heures et demye.

Les disputes s'extendront depuis la demye jusques à cinq heures.

Lesquelles cinq heures sonnées tant opidains que domesticques unanimement seront amassez en lune des classes pour rendre grace à Dieu de tous ses biens.

Ung peu aprés seront appellez au souppé les domesticques afin que la trop grande dilation ne soit moleste aux famélicques, en quoy lon suyvra la commodité du temps.

En mesme lieu et à mesme heure les régens avec le principal disneront et soupperont afin que pour la révérence diceulx les enfans se gouvernent plus modestement.

Et quant à la bénédiction de la table, les graces et lectures sainctes, le mesme se practiquera au souppé comme au disné.

Là sera toute silence, s'il n'est rompu ou par doctes colloques latins, narrations ou disputes utiles.

A sept heures du soir se feront répétitions par chambre.

A neuf heures qui se vouldra reposer pourra s'aller coucher.

Les régens ne liront que auctheurs appreuvez estans ou du temps de Cicéron ou ung peu devant ou après.

Les livres commencez s'achèveront avant que den commencer daultres que se liront et commenceront par ladvis du principal.

Une grammaire facile et méthodique sera leue par laquelle seront exercez les enfans selon les reigles et préceptes de laquelle pourront lire, escripre et parler sans hésitation meslant le grec avec le latin.

Par mesme moyen la poésie y sera adjoustée pour apprendre aux enfans la composition poéticque.

Ceulx qui seront provectz aux élémens de grammaire seront mis à la dialecticque et rhétoricque, enquoy lon observera de mesme la practicque avec la théorie.

Aux festes, tant du matin que après le disné, se feront leçons par lesd. régens séparément en leurs classes de choses morales et aulcunes fois disputes et déclamations publicques.

Aux jeudis et temps de passer le temps, sera huict jours avant esleu du principal ung qui par déclamation impétrera licence de jouer et prendre honeste récréation, à laquelle présidera celluy qui aura déclamer, pour juger des différendz des aultres et donner pris aux vainqueurs.

Les régens ne seront sordides ny exacteurs quant aux règles, chandoilles et commencemens des livres.

Seront contens quant aux chandoilles et estraines de la libéralité des parens quilz gaigneront par diligence et debvoir envers leurs enfans.

Les règles se payeront selon que du passé, assavoir, de celle du régent ung blanc par quinzainne, et celle du principal selon la coustume, que servira seullement pour pugnir et chastier les délinquans.

Les répétitions se feront à unze heures et demye avant midy.

A huict heures du soir et après le son du couvrefeug, les clefz des portes seront rendues ès mains du principal.

Il aura ung jeune homme pour monstrer à escripre aux enfans qui besoing en auront pour mieulx former leurs lectres.

Promectans lesd. sieurs mayeur, eschevin, conseillier, notables ausd. noms et principal, par leurs seremens prestez aux sainctz évangilles tout ce que dessus respectivement garder, observer et accomplir de poinct, sous l'obligation de tous et singuliers les biens de lad. Ville et dud. Saultheret, ses hoirs, successeurs et ayans, quilz ont submis au privilége du seel de Sa Majesté pour en vertu d'icelluy estre contrainct tant par la prinse, saisine, baire, vendue et exploict des biens et revenuz de lad. Ville et d'icelluy Saultheret, que par toutes aultres voyes et manières de contrainctes dehues et raisonnables, légitime et solennelle stipulation sur ce entrevenant, en renonceans à toutes choses aux présentes contraires, mesmes au droict, disant que général renonciation ne vault si espécial ne précède. En tesmouignaige de vérité desquelles choses lesd. parties ont requis le scel de Sad. Majesté ausd. présentes, que furent faictes et passées aud. Dole, en la chambre du Conseil de lad. Ville, le vingt septième de juillet an susd. mil cinq cens septante cinq. Présens : M[res] Charles de Moissey et François Boluz, notaires, procureurs scindicques de lad. Ville, tesmoings ad ce requis. Ainsi signé sur le prothocole : E. Saultheret, et comme témoings, Ch. de Moissey, F. Boluz. Et R. Labret.

Pour lad. ville,

R. LABRET.

Au-dessous et de la main de Saultheret, on lit :

Je souscript, confesse que la maison des Escoles de Dole m'est esté délivrée bien recouvert, soubz mon seing manuel cy mis. Le deux de septembre mil cinq cens septante cinq.

SAULTHERET.

(*Cote 1456*).

IX

TRAITÉ CONCLU ENTRE LA VILLE ET ANTOINE GARNIER DE GY, POUR LA DIRECTION DU COLLÈGE DE GRAMMAIRE.

(26 mai 1576).

(*Cote 1457*).

NOTA. — Sous cette cote sont comprises trois copies de cet acte. L'une d'elles porte en tête une mention par laquelle le Conseil délègue trois d'entre ses membres pour visiter le Collège de grammaire pendant l'année 1579 (v. p. 58).

X

Convention faite entre le Magistrat et Claude Bricon, docteur ès drois, par laquelle celui-ci est institué principal et économe du Collège des pensionnaires.

(29 janvier 1583).

Au Conseil de la Ville de Dole tenu le mardy vingt neufvième jour du mois de janvier de l'an mil cinq cens octante trois ont estées faictes, louhées et passées les pasches, accordz, conventions et promesses que sensuyvent entre nobles messire Quentin Jacques, docteur ès drois, mayeur de lad. Ville, messires Guyon Mairot, Jehan Tyrot, François Girard, Estienne Prudent de Sainct Moris, docteur èsd. drois, Sr de Faletans, Estienne Vurry, escuyer, Nicolas Béreul, Estienne Duchampt, escuyer, messire Hylaire Ozanne, docteur èsd. drois, Mre Jehan de Cramen, secrétaire de Sa Majesté, et messire Henry Le Ciergier, docteur èsd. drois, tous conseilliers de lad. Ville assemblés en la chambre dud. Conseil au son de la cloche en la manière accoustumée, représentans la plus grand et majeur part des conseilliers dicelle Ville, et tant en leurs noms que de tous les aultres manans et habitans de lad. Ville d'une part; et messire Claude Bricon, docteur ès drois, esleu par ceulx dud. Conseil pour œconome au Collége de grammaire en lad. Ville, pour norrir et entretenir ceulx qui y vouldront demeurer, pendant le terme cy après mentionné, pour estre pendant icelluy enseignez par les sieurs pères de la compaignie de Jésus au respect desquelx led. Collége a esté institué en lad. Ville par le consentement tant de Sa Saincteté que de Sa Majesté.

Assavoir que lesd. mayeur, eschevins et Conseil aud. nom ont accordé aud. messire Claude Bricon la maison quest en ce lieu de Dole, appartenant à lad. Ville, députée à tenir lad. Escolle de grammaire, ensemble les classes et jardins en deppendans pour pendant le terme de six ans commenceans au premier jour du mois de febvrier prouchain et finissans le derrier jour du mois de janvier de l'an mil cinq cens octante et neufz, y recepvoir et entretenir tous ceulx qui se présenteront pour demeurer en icelle, tant pensionnaires, caméristes que potagistres, en tirant et recepvant deulx par chascun an les pensions et aultres choses cy après déclarées et non plus, et en leur subministrant ce que sera cy après déclaré et aultres choses en tel cas nécessaires et accoustumées.

A charge toutesfois et condition que pendant lesd. six ans icelluy sieur Bricon entretiendra lesd. meix, maisons, cour, jardins et classes en bonne et dehue réparation, tant en couverture que aultrement et en la forme et manière quilz luy seront baillez, le tout à ses fraiz, missions et despens, et sera tenu rendre le tout en dehu estat, en la forme et manière quilz luy seront baillez, au bout desd. six ans selon que la rendue sera rédigée par escript, tous cas fortuitz toutesfois réservez.

Item que pendant lesd. six ans il sera tenu de recepvoir et entretenir tous ceulx qui se présenterons pour demeurer aud. Collége, si ce n'est que aultrement luy soit ordonné par led. Conseil, en se contentant de recepvoir d'ung chascun desd. caméristes et potagistres par an la somme de six frans en les fournissans de lictz garniz, linceulx et couvertes, et la somme de cinq francs par an de ceulx qui se vouldrons fourny de lict garny; aussi en les fornissans bien et convenablement, assavoir lesd. potagistres de potages et de cuyre les vyandes qu'ilz luy donneront à cest effect, et lesd. caméristes et potagistres deaue, de faire à faire leurs litz et la lessive pour reblanchir leurs linges de quinze jours en quinze jours, et les entretenir et reblanchir bien et honestement selon que bon père de famille doibt faire.

Et pour le respect des pensionnaires, il sera tenu et obligé de les norrir et entretenir dehuemen à deux tables et pensions, lune desquelx sera de quatre vingtz dix frans et laultre de cent et dix frans, et ce sans préjudice toutesfois de cy après en dresser trois si par lesd. sieurs du Conseil est treuvé expédient heu égard à la fertilité ou infertilité de lannée.

Se réservant aussi lesd. sieurs du Conseil le pouvoir d'augmenter ou diminuer lesd. pensions environ la Sainct Martin dung chascun an, en présence dud. œconome qui sera tenu observer les délibérations que seront sur ce faictes de la part dud. Conseil sans quil luy soit loisible tenir enffans à plus haulte pension ou de soy mesme les augmenter.

Item sera tenu de norrir lesd. pensionnaires et

entretenir nectement et honestement en leur donnant pain et vin au desjeuné et banquet, si aultrement nest délibéré, et sera led. pain de bon froment et de mesme bonté pour l'une et l'aultre dés pensions.

Sera aussi tenu led. Bricon de faire coucher ceulx quil recepvra aud. Collége bien et nectement et décenment, et sans admettre à coucher plus de deux en ung lict, faisant tous les jours nectoyer et ballier leurs chambres, et les classes dud. Collége une fois la sepmaine pour le moins.

Item si icelluy œconome se veult absenter de lad. Ville pour quelque affaire particulière pour plus d'une nuict, il ne le pourra faire sans en advertir led. sieur mayeur et sans son congé, et encoires en cas d'absence pour ung jour, il sera tenu advertir le recteur du Collége desd. Jésuistes, afin que lon pourvoie que ceulx que seront aud. Collége ne soient sans régime et gouvernement, et ne se pourra absenter dud. Collége sinon pour choses fort nécessaires.

Et pour ce sera tenu led. Bricon de pendant lesd. six ans demeurer aud. Collége et vacquer à lad. charge d'œconome ; et en cas quil feroit le contraire et quil ne se comporteroit en ce comme bon père de famille, en tel cas il sera loisible à lad. Ville den pourveoir dung nouveaue.

Et advenant que led. terme de six ans expiré, il voulut délaisser telle charge, il sera tenu en advertir led. Conseil ung an devant à peine que, sil semble bon à lad. Ville, destre contrainct y demeurer encoires ung an, lesd. six ans expirez.

De plus est convenu et accordé que led. Bricon

pendant lesd. six ans nexigera de ceulx demeurans en lad. Ville que lon appelle oppidains, aulcungs mois, pémoins, reigles, ou aultres choses quelconques, nestoit que par le Conseil de lad. Ville il fut aultrement cy après ordonné.

Le semblable sera observé au respect de ceulx qui demeureront aud. Collége.

Et pour éviter tous scandalles et soubçons et aultres débausches que pourroient réüssir cy après sil estoit permis comme du passé aux femmes chambrières et servantes d'entrer deans le corps du Collége où sont logés les enffans, il est convenu et accordé quil nen admectra aulcune en icelluy, ains se fera le service y nécessaire, tant de luy que de ceulx qui recepvra aud. Collége, par aultres ; voires mesmes fera tenir ses femme et filles hors le corps dud. Collége où seront lesd. enffans, le ménasge duquel se fera par serviteur quil pourra choisir à cest effect.

Sera encoires tenu led. Bricon dentretenir ung homme idoine à ses fraiz qui sera présenter aud. Conseil pour monstrer à escripre aux enffans tant demeurans aud. Collége qu'ès aultres, et à lire aux abécédaires si aulcungs y en a ; et à entretenir ung pourtier diligent pour éviter que personne ne puisse sortir dud. Collége sans licence, n'estoit que ces deux functions puissent estre exercées par ung seul personnaige à ce suffisant et capable.

Sera aussi tenu led. Bricon entretenir les bourciers qui seront instituez aud. Collége par messires Froissard pour les pensions convenues entre iceulx et lad. Ville et selon que le principal jadis du Collége souloit faire.

Item de visiter chascune des chambres dud. Collége par chascun jour mesmes après souppé, afin de plus retenir les y demeurans en leurs offices.

Item saccommodera aux heures choisies par lesd. sieurs Jhésuistes tant pour disner, soupper, coucher que prier Dieu et aller à la messe, au sermons, confesser et tous aultres actes de piété et bonnes mœurs ; et mesmes observera ce que appartiendra à lordre des classes, leçons, répétitions, déclamations, compositions et heures d'icelles.

Ne pourra faire led. Sr Bricon pendant lesd. six ans aultre profession retardant lexercice de lad. œconomie et de son debvoir quil doibt faire en lad. charge, ains vacquera à icelle soigneusement et selon que le cas le requier.

Et moyennant ce, il jouyra des libertez, franchises, drois, privilléges et exemptions que les jadis principaux du Collége de grammaire ont accoustumé davoir et jouir. Et ainsi lont convenu et accordé lesd. parties et ont promis d'observer punctuellement dune part et d'aultre les choses cy devant déclarées soubz l'obligation de tous leurs biens. Faict les an et jour susd. Présens : M[res] François Bolu procureur scindicque, et Claude Racle, sergent de lad. Ville, témoings à ce requis. Ainsi signé

J. SORYE.

(*Cote 1458*).

XI

INTÉRESTZ SOUBSTENUZ ET SUPPORTEZ PAR LE DOCTEUR BRICON AU MOYEN DE LA CHARGE QU'IL A HEU AU COLLÉGE DE DOLE DOIS LE PREMIER DE FEBVRIER 1583.

(Juin 1584).

Premièrement de la somme de six vingtz frans qu'il a perdu sur le prix de trente quehues de vin qu'il achepta lors au feur de vingt et un frans la quehue, pour ce qu'il estoit pressé d'entrer aud. Collége par Messieurs de la Ville et y avoir et tenir prestes les provisions, luy disantz et asseurantz que les sieurs Jésuites y debvoient enseigner en cinq ou six classes deans le commencement dud. mois de febvrier, et toutesfois ils n'y ont faict lecture aulcune que jusques environ demy an après, fors d'ung petit cathéquisme, ayantz depuys leu en quelques classes sans que l'on ait été asseuré de leur demeure, ny ordre dud. Collége, synon dois peu de temps encea, voires a esté grand bruict qu'ilz ne vouloient arrester aud. Dole ny y dresser led. Collége selon qu'ung chascung sçait. Au moyen de quoy, les enffantz ont délaissé d'y venir demeurer et par ce en a reçeu led. Bricon les intérestz cy devant et après déclairez que luy doibvent estre touz resarciz par lad. Ville pour les raisons que seront proposées cy après et aultres notoires à ung chascung; mesmement que quant au présent article icelluy Bricon a encoires présentement quelques pièces dud. vin que luy a cousté, sont environ quinze mois, cinq à six frans plus qu'il ne seroit maintenant, et qu'il n'eust faict trois ou quatre mois après led. achapt. . . . . VI^{XX} f.

Plus trente frans pour la deschéance et diminution advenue dud. vin qu'a esté d'environ trois poinssons avant qu'il en ayt pu distribuer synon bien peu. . . . . XXX f.

Item soixante frans pour les arréraiges de six centz frans prix de l'achapt dud. vin, pour le temps de seize mois, ayant icelluy Bricon prins led. prins à rente à l'effect dud. achapt . . . . . LX f.

Encoires dix frans et demy pour ung poinsson dud. vin que s'est treuvé monsté et par ainsi perdu dois led. achapt, par faulte de distribution dud. vin de laquelle toutesfois lad. Ville l'asseuroit. X f. d.

Dadvantaige quarante deux frans pour la deschéance de vingt huict bichotz de froment acheptez par led. Bricon aud. temps et sont environ lesd. quinze mois au feur de vingt et un frans le bichot ou plus, revenant lad. deschéance à deux bichotz par le moyen des ratz et rattes, faulte de prompte distribution et aultrement, vaillantz lesd. deux bichotz la susdite somme de quarante deux frans. . . . . XLII f.

Oultreplus cinquante cinq frans pour les arréraiges de cinq cent cinquante frans prix de l'achapt dud. froment pour le mesme temps de quinze mois escoulez dois led. achapt faict d'argent que led. Bricon avoit aussi prins à rente qu'il doibt encoires, de quoy il ne se peult acquiter par le moyen desd. intérestz qu'il a reçeu pour les raisons presdéclairées. . . . . LV f.

D'abondant dix frans pour les arréraiges de cent

frans que luy coustent trente et ung chaillys neufs pour coucher les enffantz que l'on espéroit viendroient aud. Collége, sont passés quinze mois. X f.

Plus trente frans pour arréraiges de trois centz frans desquelz il a achepté des lictz, linceulz, couvertes, lediers, materatz, nappes, serviettes, pour semblable temps de quinze mois. . . . . XXX f.

Item quinze frans pour intérestz de cent cinquante frans, prix de l'estaing, cuyvre et potz de fer acheptez sont aussi environ quinze mois. . . . . XV f.

Encoires cinq centz frans pour intérestz, peines, travaulx et inquiétudes continuelles prinses et supportées par led. Bricon et aultres qu'il a employé tant de jour que de nuict ; considéré qu'il est entré aud. Collége ouvert de toutz coustels, et a délaissé toutes ses propres affaires et aultres grandement importantes à luy, sa femme et belles sœurs, comme aussi plusieurs desquelles il heust peu gain, ausquelles il n'a jamais peu entendre à cause de sad. charge. . . . . Vᶜ f.

Aussi trente frans pour le transport de toutz ses meubles par deux foys deans le temps desd. quinze mois, heu esgart ad ce que se peult rompre et détériorer en ce faisant, joinct qu'il n'est asseuré du temps qu'il pourra demeurer en la maison où il luy conviendroit conduire sesd. meubles s'il vouloit sortir du Collége pour les grandes occasions que luy en sont données. . . . . XXX f.

Encoires dix frans pour intérestz de cent frans que luy ont cousté plusieurs meubles de bois, asçavoir : tables pour les salle et cuysine, bancz, scabelles, chèses, garderobbes, farinier et aultres, oultre plusieurs bois de chasne et membrure acheptez pour faire encoires d'aultres chaillys aud. Collége pour lesd. enffantz. . . . . X f.

Trente frans pour ce qu'il n'a jouy du jardin, suyvant la convention avec la Ville, pour avoir tousjours esté occupé de terre, pierres et jettuns, par le moyen de la ruyne y advenue de la muraille, estant encoires quasi tout au large d'icelluy le terrain que l'on a tiré pour faire le décombre à l'effect de rebastir lad. muraille, et dois qu'il y a heu mys de grantz fraiz sans en avoir encoires reçeu prouffit ny commoditez. . . . . XXX f.

Aultres trente frans pour les bois des trailles dudict jardin, pour les tailler, lier, comme aussi toutz les rousiers, avans y employez, et les culture et toutes graines y mises et semées en toute la terre non occupée, en considération qu'il n'y avoit aud. jardin aulcung bois de longueur ny grosseur d'ung doig quant led. Bricon entra aud. Collége. XXX f.

Soixante frans pour les peines dud. Bricon d'avoir sollicité et prins esgart à infinis ouvraiges et besoingnes faictes pour lad. Ville en icelluy Collége pendant environ neufz mois. . . . . . . LX f.

Plus six frans pour avoir faict portes et oster grande quantitey d'esqueuilles, immondices et excrémentz qu'estoient en toutes les chambres, estudes et classes et aultres endroictz dud. Collége, réservé à la chambre où estoient les bourciers. . . . . VI f.

Huict escuz pour la pension de Monsieur de Culeo, premier préfect aud. Collége pour le temps de deux mois, considéré que quant il luy a esté adressé par la Ville il en avoit d'aultres suffisamment. . . . . VIII e.

Finalement doibt estre deschargé led. Bricon de toutz les meubles qu'il a achepté pour led. Collége, et ad ce doibt estre pourvehu par lad. Ville.

Ce de quoy le docteur Bricon doibt estre deschargé.

Premier, d'ung farinier de sapin ferré et fermant à clef, tenant deux bichetz et demy, dix frans. X f.

Neufz chailliz de chasne à chascung trois frans huict groz, trente trois frans. . . . XXXIII f.

Vingt trois chailliz de sapin chascung de trois frans trois groz, vaillent soixante et quatorze frans neufz groz . . . . LXXIIII f. IX g.

Double garde robbe de sappin ferrée et fermant à clef y ayant deux serrures, à une chascune d'icelle deux clefz, quatorze frans. . . . XIIII f.

Garde robbe de chasne, douze frans . . XII f.

Six litz de plume à douze frans chascung, ensemble des cussins, vaillent soixante et douze frans. . . . . LXXII f.

Lediers, douze à trois frans quatre groz pièce, reviennent à trente neufz frans. . . XXXIX f.

Dix couvertures de laine neufves à chascune deux frans, vingt frans. . . . . XX f.

Huict materatz à chascung trois frans, vaillent vingt quatre frans. . . . . XXIIII f.

Tout ce qu'est faict et semé au jardin trente frans . . . . XXX f.

Une arche à poisson, treize frans. . . XIII f.

Linceulx, quatre douzaines à deux frans pièce, vaillent quatre vingtz seize frans. . IIII^{XX}XVI f.

Deux centz soixante livres d'estaing, à dix huict blancs la livre, vaillent cent ung frans trois groz. . . . . I^{C}I f. III g.

Quatre tables et six bancz pour les salles et cuysine, seize frans. . . . . XVI f.

Un grand cousteaul à coupper pain, dix huict groz. . . . . XVIII g.

Une marmitte tenant ung greau et demy, et ung grand pot de fer tenant aussi ung bon greau. douze frans . . . . XII f.

Chaufferettes de leton, quatre à vingt solz pièce, vaillent quatre frans. . . . . IV f.

Les ferrements de la porte de l'estude des Dandelotz (1), table, poulpitres et chassiz d'icelle, et la porte de l'estude où couche led. Bricon, ensemble de toute la ferrure, deux clefz d'icelle porte qu'est devers la vielle cuysine, une clef de la porte du coustel de la chambre desd. Dandelotz, et les chassiz de lad. estude, cinq frans. . . . . V f.

Lardz graz, quatre (2), ensemble le salleur quarante frans. . . . . XL f.

Bois et charbon, vingt cinq frans . . XXV f.

Les deux chailliz des bourciers et huict aultres viez estantz au grenier, avec celluy du portier, et les table, banc et chassilz estantz en sa chambre.

Vin, seize quehues à seize frans la quehue vaillent deux centz cinquante six frans . . II^{C}LVI f.

Nappes, ce que l'on vouldra vendre.

(1) D'Andelot.

(2) Ici mot oublié.

Serviettes, trois douzaines à dix huit blancs pièce, vaillent treize frans demy. . . . . . XIII f. d.

Une grande mat tenant sept mesures, ensemble de son pied, deux frans. . . . . II f.

(*Cote 1458*).

XII

Copie de la délibération du Conseil de Ville relative a la requête du docteur Bricon.

(13 juin 1584).

Au Conseil de la Ville de Dole tenu le (1) s'est représenté messire Claude Bricon, docteur ès drois, lequel, après avoir demandé audiance au Conseil, a remonstré que comme par traicté faict, passé solennellement entre les sieurs mayeurs, eschevins et Conseil de lad. Ville le vingt neufvieme jour de janvier mil cinq centz octante et trois, par lequel il heust prins la charge de l'œconomie du Collége de lad. Ville pour y recepvoir les escholiers et enffantz tant pensionnaires que caméristes et qu'à cet effect lui fust délaissée la maison dud. Collége pour y faire sa résidence, comme aussi les jardins et curtil y estantz, et pour le temps et terme de six ans que commençoient au premier jour du mois de febvrier de l'an mil cinq centz octante et trois; et qu'à cest effect, et que de la part de lad. Ville luy a esté promis et déclairé que les

(1) Blanc dans le texte.

pères Jésuistes commenceroient les lectures aud. Collége incontinent après mesmes deans les Brandons lors prouchaines, que meust led. Bricon de faire ses provisions de graine et vin et pour y parvenir fut contrainct de prendre devers à fraiz jusques à environ douze centz frans, oultre ce qu'il peust faire de soy mesme ; et néantmoins les lectures ordinaires nont commencé aud. Collége que jusques cinq ou six mois après, fors d'ung catéchisme, sans que l'on ait esté asseuré de la demeure desd. sieurs Jésuistes, ny ordre dud. Collége, sinon dois peu de temps encea, voires avoit esté bruict par tout le pays qu'ils ne vouloient arrester aud. Dole, ny y dresser led. Collége selon qu'ung chascung sçait, au moyen de quoy ne sont venus aud. Collége pensionnaires, avant que lesd. grain et vin achetez à bien hault prix soient demeurez long temps comme d'environ neuf mois sur les bras dud. Bricon, estant deslors lesd. prix desd. grain et vin diminué et abaissé de beaucoup plus qu'il n'estoit au temps dud. achapt.

Aussi il n'a heu l'entière jouyssance du jardin et curtil dud. Collége pour avoir esté empesché par les gettuns y dressés par lad. Ville, que sont encoires présentement en la plus grand partie dud. jardin.

Item seroit esté contraint de la part de lad. Ville d'avoir et entretenir quatre préfectz pour ses répétitions aux enffantz et les nourrir et donner pensions. La nourriture desquelz reviendroient à environ huict vingts escuz, dequoy il ne pourroit estre recompensé par ce que lui seroit permis de prendre et relever sur les enffantz tant pensionnaires que caméristes, et toutesfoys par sa convention, il n'est aulcunement obligé d'avoir et entretenir préfectz.

Dadvantaige estant chargé d'avoir et entretenir ung personnaige pour enseigner les abécédaires, il en avoit treuvé et recouvré ung suffisant, lequel avoit prins cette charge soulz espoir qu'il auroit le moyen d'ouïr quelque lecture desd. sieurs Jésuistes, ce que toutesfois ne luy a esté permis aulcunement, ne l'ayant lesd. sieurs Jésuistes voulu admettre ausd. lectures, et à ceste occasion il pourra abandonner lad. charge, auquel cas il seroit bien difficile par après d'en treuver aultre; car ung qui seroit provect ne se vouldroit employer à tel exercice, et celluy qui ne seroit avancé aux lettres ne pourroit proffiter pour ce qu'il luy convient entrer en classe et y demeurer austant avec lesd. abécédaires que lesd. sieurs Jésuistes font à leur lecture.

Encoires l'on ne veult permettre aud. Bricon que sa femme fréquente ni entre seullement à la cuysine et chambre que led. Bricon a aud. Collége, lequel toutesfois ne permettoit qu'elle hantast ny fréquentast aulcunement aud. Collége où sont logez les enffantz; mais pour le proufflit dud. Bricon estoit expédient que sad. femme hantast du moings en lad. cuysine pour donner ordre à la conservation des viandes et à éviter des larrecins.

Et de plus l'on le veult contraindre de nourrir les bourciers de messire de Broissia de mesme pain que les aultres pensionnaires des deux tables réglées par lad. Ville, jaçois qu'ils payent seullement demie pension, ains n'est il tenu ad ce par sa convention.

Et à ces occasions ledit Bricon a receu de grandz intérestz et dommaiges, lesquels comme il prévoit accroistront de jour à aultre si durant le temps de sa convention l'on le vouloit contraindre ad ce que dessus ; lequel pour ad ce obvier a esté conseillé de ses amys de requérir aud. Conseil d'adviser de le récompenser des pertes et dommaiges qu'il a ja reçeu au moyen de ce que dessuz, lesquelz il estime à la somme de mil francs, et de le recepvoir et admettre à abandonner le traicté et convention faict avec lad. Ville, nonobstant que le terme ne soit expiré, et par ce le décharger de toutes les promesses et obligations contenues aud. traicté.

Sur lesquelles remonstrances dud. Bricon, led. Conseil après avoir prins délibération, a accepté et accepte led. abandonnement faict par led. Bricon en le deschargeant entièrement de toutes les obligations et promesses par luy faictes par led. traicté et convention, et dez maintenant et pour l'advenir l'en a quicté et quicte entièrement ; et pour les intérestz qu'il dict avoir soubstenu et supporté aux causes et moyens prédictz, led. Conseil luy a accordé et accorde la somme de deux centz frans monnoye de Bourgogne à payer par le recepveur de lad. Ville, moyennant laquelle somme led. Bricon a quicté et quicte lad. Ville de toutz intérestz qu'il pourroit prétendre alencontre d'icelle au moyen de ce que dessuz.

(*Cote 1458*).

XIII

Traité conclu par le Conseil de Ville avec Pierre Jacquot pour la direction du Collège des pensionnaires.

(19 juin 1584).

(*Cote 1459*).

Ce contrat, ainsi que le suivant, n'offre que de légères différences avec celui de Bricon donné plus haut. Il est suivi d'un appendice qui réglemente les repas des écoliers. (V. page 83.)

XIV

Traité conclu par le Conseil de Ville avec Pierre de Soye, prêtre, bachelier en théologie, pour la direction du Collège des pensionnaires.

(12 sept. 1585).

(*Cote 1459*).

PLAN

DV

QVARTIER DE CITEAVLX

EN LA VILLE DE DOLE

AV COMTÉ DE BOVRGOVGNE

1546

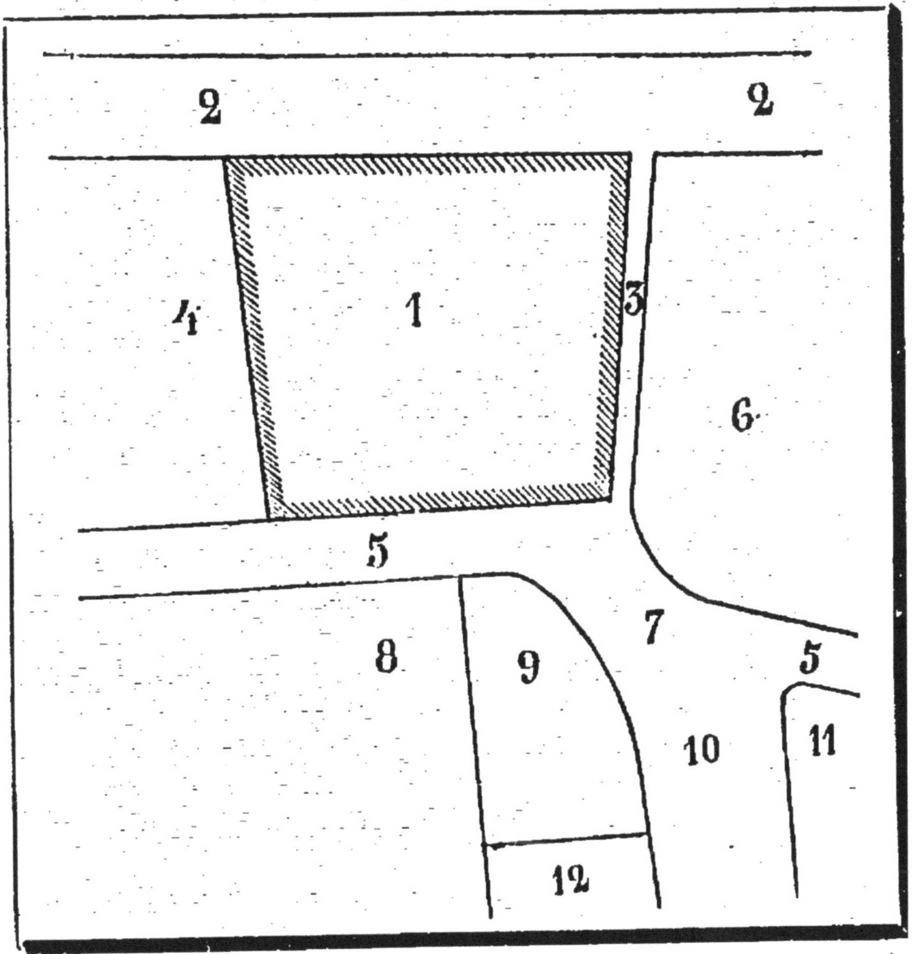

RESTITUTION

FAITE D'APRÈS DES DOCUMENTS DE L'ÉPOQUE

LÉGENDE DV PLAN [1]

1. — Maison de Citeaulx avec meix, clotz et curtilz où se tiennent de présent les Escolles de grammaire. (*Bâtiments et cour des classes du Collège de l'Arc.*)
2. — Murailles et cloison de la Ville. (*Ecole N.-D. de Mont-Roland.*)
3. — Ruelle tirant sur les murailles et fermeture de la Ville. (*Dépendances de la maison Ribeaudet, aux Jésuites.*)
4. — Meix, maisons et curtilz de Perrenot Romard, des héritiers de feu Jehan Bourgeois et de Mre Fernando Serrata. (*Ecole N.-D. de Mont-Roland.*)
5. — Rüe de Citeaulx. (*Rue du Collège.*)
6. — Maison et meix. (*Maison Ribeaudet.*)
7. — Place où il y hat un saulveur. (*On empiétera sur cette place en 1591 pour bâtir l'église du Collège de l'Arc.*)
8. — Maisons, meix et curtilz. (*Partie du Collège de l'Arc où se trouvent la salle de musique, la loge du concierge et le vestibule d'entrée.*)
9. — Curtil. (*Eglise du Collège de l'Arc.*)
10. — Rüe du Viel Marchef. (*Rue de la Monnaie.*)
11. — Maisons avec meix.
12. — Portion du meix qui est derrière la maison du sr de Bouclans en la rüe des Cordiers. (*Chœur de l'église du Collège.*)

(1) Les destinations et dénominations actuelles sont en italique et entre parenthèses.

OUVRAGES CONSULTÉS OU CITÉS

JULES ARNOUX, *Le Collège de Digne*. Digne, Chaspoul, Constans et Barbaroux, 1889.

BEAUNE ET D'ARBAUMONT, *Les Universités de Franche-Comté*. Dijon, Marchand, 1870.

Biographie universelle de Didot.

Biographie universelle de Michaud.

BOUCHARD, *Histoire du Collége de Moulins*. Moulins, Desrosiers, 1872.

BOUSSON DE MAIRET, *Annales historiques et chronologiques de la Ville d'Arbois*. Arbois, Javel, 1856.

Bulletin de la Société d'Emulation de Montbéliard (année 1857).

G. CARRÉ, *L'Enseignement secondaire à Troyes, du Moyen-Age à la Révolution*. Paris, Hachette, 1888.

MAURICE CHIPON, *Notes historiques sur le Collège tenu par les Pères Jésuites à Dole*. Besançon, Outhenin-Chalandre, 1885.

G. COMPAYRÉ, *Histoire critique des doctrines de l'éducation*. Paris, Hachette, 1880.

GILBERT COUSIN, *Brevis ac delucida superioris Burgundiæ, quæ comitatus nomine censetur*.

(Réimpression dans les Mémoires de la Société d'Émulation du Jura, année 1863).

Dictionnaire de Bayle, édition de 1730.

Dictionnaire de Moréri, édition de 1759.

Dictionnaire de pédagogie de M. Buisson (article *Franche-Comté*, par J. Gauthier).

Douarche, *L'Université de Paris et les Jésuites*. Paris, Hachette, 1888.

S. Droz, *Histoire du Collége de Besançon*. Besançon, Marion, 1868.

Julien Feuvrier, *Le Collège de l'Arc à Dole*. Dole, Chaligne, 1887.

J.-F. Foppens, *Bibliotheca belgica*. Bruxellis, P. Foppens, 1739.

Denys de Formond, *La Tarantule du Guenon de Genève*. Saint-Mihiel, François du Bois, MDCXX.

Alfred Franklin, *La vie privée de nos pères* (*les repas*). Paris, Plon et Nourrit, 1889.

Ch. Godard, *L'ancien Collège de Gray*. Gray, Roux, 1887.

Louis Gollut, *Mémoires des Bourgougnons de la Franche-Comté*. Arbois, Javel, 1846.

Louis Gollut, *Gymnasii dolani grammatica latina in quatuor libros digesta*. Lyon, P. Roussin, 1572.

D. Grappin, *Recherches sur les anciennes monnoies du Comté de Bourgogne*. Besançon, Couché, 1782.

Gottlieb Jœcher, *Allgemeines Gelehrten Lexicon*.

Labbey de Billy, *Histoire de l'Université du*

Comté de Bourgogne. Besançon, Mourgeon, 1814.

L. MASSEBIEAU, *Les Colloques scolaires au XVIe siècle*. Paris, Bonhoure, 1878.

Mémoires de l'Académie de Besançon (*Louis Gollut*, par le président CLERC, année 1872).

Mémoires et documents inédits pour servir à l'histoire de la Franche-Comté, publiés par l'Académie de Besançon, tome VII. Besançon, Dodivers, 1876.

Mémoires de la Société d'Émulation du Jura. (*Catalogue des manuscrits relatifs à la Franche-Comté qui sont conservés dans les bibliothèques publiques de Paris*, par Ulysse ROBERT, années 1877 et 1878. — *Notice sur la vie et les ouvrages de Gilbert Cousin*, par le Dr CHEREAU, année 1863).

PUFFENEY, *Histoire de Dole*. Besançon, Marion, 1882.

J. QUICHERAT, *Histoire de Sainte-Barbe*. Paris, Hachette, 1860-64.

RAMBAUD, *Histoire de la civilisation française*. Paris, A. Colin, 1888.

Répertoire des ouvrages pédagogiques du XVIe siècle, publié sous la direction de M. BUISSON, directeur de l'enseignement primaire. Paris, Imp. Nat., MDCCCLXXXVI.

Revue de l'Enseignement secondaire et de l'Enseignement supérieur. (*Le Collège de Verneuil*, 1er janvier 1886).

Revue des Deux Mondes. (Gaston BOISSIER, *La ré-*

forme des études au XVIe siècle; 1er décembre 1882).

Revue internationale de l'enseignement. (Franck d'Arvert, *La Pédagogie de la Renaissance;* janvier 1889).

Rousset, *Dictionnaire des communes du Jura* (article *Dole*).

Thurot, *De l'organisation de l'Université de Paris au Moyen-Age.* Paris, Dézobry, 1850.

Just Tripard, *Notices sur la ville et les communes du canton de Salins.* Salins, Billet, 1881.

TABLE DES MATIÈRES

DOLE. — TYP. CH. BLIND.

PER